KARIBIK I

VISTA POINT
VERLAG

Eine Übersichtskarte des Reisegebietes finden Sie in der vorderen Umschlagklappe.

Bernd Polster

KARIBIK I

Kleine Antillen – der Norden

Mitarbeit: Mandy Howard

VISTA POINT VERLAG

association
des

Inhalt

I Karibik – Kreuzung der Kulturen

»Fremd ist der Fremde
nur in der Fremde.«
(Karl Valentin)

Weißer Sand, über dem sich Palmen sanft im Passatwind wiegen. Das türkisblaue Meer ist so ungetrübt wie die Urlaubsfreude. Wer hätte davon in unseren kühlen Breiten nicht schon einmal geträumt? Gefragt, wo sie am liebsten wohnen würden, rangieren die Inseln der vermeintlichen Glückseligkeit bei Bundesbürgern – gleich nach Deutschland – auf dem zweiten Platz.

Der verklärte Blick hat Geschichte. Literarische Idealisierungen reichen von der Insel »Utopia« des Thomas Morus über sensationelle Expeditionsberichte von den exotischen Inseln bis zur nobelpreisgekrönten Erzählung unserer Tage. »Die Menschen«, schrieb etwa der Jesuit José Acosta schon im Jahre 1588, »können in der Karibik finden, was die Dichter Elysium nannten«. Drei Jahrhunderte später sah der bekannte nordamerikanische

Paddeln im Biotop: Mangrovensümpfe auf Guadeloupe

Gut besucht: Dorfkirche auf Antigua

Journalist Lafcadio Hearn in der Inselkette der Kleinen Antillen die reale Poesie eines »Gedichtes aus Farben und Licht«.

Was ist die Karibik wirklich? Ein Paradies mit endlosen, palmenbesetzten Badestränden, wie gemacht für die wichtigsten Wochen des Jahres? Inseln der Glückseligkeit, bewohnt von fröhlichen Menschen, die den gestreßten Fremden aus dem Norden die sonnige Sicht des Lebens vorleben? Fangen wir mit dem Namen an. Unter **Karibik** (engl. *Caribbean*, franz. *Caraïbe*) versteht man alle Anrainer rund ums Karibische Meer, also auch Länder wie Costa Rica oder Guyana. Die Region reicht von Miami bis zum fast 4 000 Kilometer entfernten Cayenne, der Hauptstadt von Französisch-Guayana, wo Westeuropa seine Raketen abfeuert.

Antillia dagegen nannten mittelalterliche Geographen sieben sagenhafte Inseln, die westlich der Azoren liegen sollten. Ein zeitgenössischer Historiker übertrug den Namen dann einfach auf die von Kolumbus entdeckten Inseln. Dabei unterschied man nach den **Großen Antillen** (Kuba bis Puerto Rico) und den **Kleinen Antillen** (Virgin Islands bis Aruba). In der karibischen Inselwelt leben heute rund 30 Millionen Menschen, davon nur jeder zehnte auf den Kleinen Antillen (engl. *Lesser Antilles*, franz. *Petites Antilles*, span. *Pequeñas Antillas*). Der 1 000 Kilometer lange Inselbogen hat also weniger Einwohner als Berlin. Doch weil die aus allen Erdteilen hierher kamen, ist das Gebilde aus verstreuten Inselstaaten und Noch-Kolonien ein ebenso faszinierendes wie einzigartiges Mosaik der Weltkulturen.

Die Unterscheidung in **Inseln unter dem Winde** (Aruba bis Margarita) und **Inseln über dem Winde** (Trinidad bis Virgin Islands) klingt äußerst poetisch, spielt aber heutzutage

Riffgeschütztes Baden: bei Capesterre auf Marie-Galante

kaum eine Rolle. Sie ist auch nicht identisch mit den Begriffen **Leeward** und **Windward Islands**, also Lee- und Luv-Inseln, die englische Seeleute einführten und die später auch von Londons Kolonialbeamten als Verwaltungseinheiten übernommen wurden. Eine pragmatische Einteilung also, der auch wir folgen. Unser Reiseziel, die **Leeward Islands**, reicht von St. Thomas, der Hauptinsel der US Virgin Islands direkt gegenüber von Puerto Rico, bis Dominica, einer englischsprachigen Insel, die von französischen Inseln eingerahmt wird. Das Reisegebiet umfaßt also die nördliche Hälfte der Kleinen Antillen.

Wenn Sie dieser geographisch-semantische Exkurs nun erst recht verwirrt hat, so liegt das daran, daß die Kleinen Antillen, die Weltgegend mit den meisten Mikrostaaten auf engem Raum, eben ein geopolitischer Flickenteppich sind. Bei der Festlegung Ihres Rei-

seweges können Sie sich an den vorgeschlagenen Reiserouten orientieren.

Auf den acht Touren gewinnt man einen guten Eindruck von der Verschiedenartigkeit sowohl der Landschaft wie auch der Menschen, die auf den Inseln der Kleinen Antillen leben. Wer etwas mehr Zeit hat, kann noch drei Extratouren auf benachbarte Inseln unternehmen. Die Reihenfolge ist als Vorschlag gedacht, als optimale Einführungsroute für Karibik-Neulinge.

Der Reiseplan kann bzw. sollte nach persönlichen Vorlieben geändert werden, je nachdem, ob man beispielsweise mehr Wert auf exquisite Küche als auf unberührte Natur legt und wie man sich die Urlaubszeit am liebsten vertreiben möchte – im Liegestuhl am Strand, als Freizeitforscher im Regenwald, in Fischbegleitung unter Wasser oder in der Disco. Jede Insel des Reisegebietes, das sich über eine Länge von etwa 500 Kilometern erstreckt, kann von jeder anderen erreicht werden, sofern es kein Buchungsproblem gibt. Wer sich also hauptsächlich auf einer der Inseln aufhält, kann auf die Nachbarinseln seiner Wahl »hinüberhüpfen«.

Strandlektüre

Unser Ausgangspunkt ist Antigua. Die ehemalige Kapitale der britischen Leeward Islands hat einen imposanten Kriegshafen außer Dienst, in dem nun die Jollen liegen. Weder die Zahl der Sterne im Hotelverzeichnis noch die der Badestrände hat bisher jemand gezählt. Der kurze Flug von Antigua nach **Montserrat**, einer klitzekleinen britischen Kolonie, endet auf rustikalem Territorium mit sehr geringer Touristendichte. Nicht nur die Bio-, auch die Soziotope sind hier noch intakt. **Guadeloupe**, das frankokaribische

Dominica, die grüne Insel

Doppeleiland, gehört zu den größten und schillerndsten der ganzen Inselkette. Hier wird niemandem die Zeit lang werden. Nicht nur die Menüs und die Musik, auch die meisten Menschen sind kreolisch.

Die Spritztour nach **Marie-Galante** beschert ein beschauliches Kontrastprogramm in Grüngelb: Wogende Zuckerrohrfelder im Innern, die die Essenzen für einen exzellenten Rum liefern, werden von goldenen Badestränden umrandet. Auf dem Weg nach **St. Thomas**, unserem nächsten Reiseziel, streifen wir das gesamte Archipel der Leeward Islands. St. Thomas, die Zentrale der US Virgin Islands, fungiert als Luxusliner für Ferien auf amerikanisch, bietet *good value for money* plus geschichtlichen Background. Die Fähre nach **St. John** verbindet zwei grundverschiedene Ufer. Der kleine Bruder in Sichtweite ist der rechte Abschluß: ein gehegtes Reservat der Ruhe. Es gibt mehr Mungos als Menschen, und die Strände stehen in scharfer Schönheitskonkurrenz.

Die gesamte Tour läßt sich in zwei Wochen leicht bewältigen, wobei – acht Touren und ein Flugreisetag abgerechnet – fast eine Woche zum Faulenzen bleibt. Wer die Kleinen Antillen noch intensiver bereisen und den Norden wie den Süden kennenlernen will, kann das Gegenstück zu diesem Reiseführer (»Karibik II. Kleine Antillen – der Süden«) dazu benutzen. Darin werden die Windward Islands, also die südliche Hälfte der Kleinen Antillen, vorgestellt. Die kombinierten Touren geben einen umfassenden Überblick über das gesamte Archipel, das sich zwischen Puerto Ricos und Venezuelas Küsten krümmt.

Dazwischen liegen heiße Tage und Nächte in einem Kulturkreis, dessen Erfahrungsabstand zum unsrigen weit größer ist, als das im Düsenzeitalter erscheinen mag. Auf der

7 000 Kilometer langen Flugstrecke, die je nach Airline und Zielpunkt zwischen acht und dreizehn Stunden dauern kann, bleibt reichlich Zeit, sich vor der vermutlich weichen Landung ein paar Dinge durch den Kopf gehen zu lassen.

Europäer waren es, die hier in den letzten vier Jahrhunderten unglaubliches Unheil angerichtet haben. Die Narben der Geschichte sind noch längst nicht verheilt. Die Kultur der indianischen Ur-Insulaner, mit deren Ausrottung sich die Europäer in der Karibik einführten, wird auf vielen Inseln gerade als historisches Erbe entdeckt. Einige Museen zeigen inzwischen Fundstücke der *Amerindians*. Als die Europäer den Welthandel erfanden, rückte die kleine Inselgruppe im Vorfeld Südamerikas plötzlich ins Zentrum der Kolonialinteressen. Jahrhundertelang wurden blutige Schlachten um sie geschlagen. Stumme Zeugen dieser Kanonenkugel-Politik sind die zahllosen Festungen, die wegen der exponierten Lage heutzutage meist auch als Aussichtspunkt taugen.

Die Antillen spielten als Zuckerlieferanten eine Hauptrolle beim schmutzigen Dreiecksgeschäft zwischen Europa, Afrika und Amerika. Viele Inseln sind bis heute übersät von Hunderten von Mühlenstümpfen, in denen das Zuckerrohr gepreßt wurde, und manche erhaltene Plantage gibt einen Eindruck von der ganz und gar nicht guten alten Zeit. Das weiße Gold machte die Europäer reich und die Afrikaner zu Sklaven. Etwa zehn Millionen Schwarze, die auf den meisten Inseln bis heute in der Mehrheit sind, wurden auf die Zuckerinseln verschleppt.

Obwohl die Sklaven bereits vor 150 Jahren ihre Freiheit erlangten, dauerte die Kolonialherrschaft bis in die siebziger, ja achtziger Jahre dieses Jahrhunderts und besteht auf nicht wenigen Inseln bis heute fort. Doch kaum hatten die weißen Herrschaften die Kleinen

Zuckerrohrsaft, eine gepreßte Erfrischung

Antillen mit deren enormen wirtschaftlichen und sozialen Problemen alleingelassen, entdeckten sie sie als Nonstop-Sommerfrische erneut. Zuerst kamen nur die Weltenbummler mit den ganz dicken Brieftaschen, vornehmlich per Privatjet oder eigener Jolle. Heute ist der Karibik-Traum auch für Normalverbraucher nicht mehr unerfüllbar. Und in manchem Urlaubsparadies werden die Insulaner in der Hochsaison zur Minorität.

Das Geschäft mit den teuren Gästen ist fest in der Hand ausländischer Investoren, die nicht selten mit Steuergeschenken und sonstigen Vergünstigungen angelockt werden. Das Ziel, die meist marode Inselökonomie durch steigende Besucherzahlen zu sanieren, gelingt deshalb nur bedingt. Auch den Insulanern, für die, wenn überhaupt, nur Billigjobs übrigbleiben, nützt der Touristenstrom kaum.

Ein Preis von 300 Dollar für eine Übernachtung im Hotel bewegt sich durchaus im Rahmen des üblichen. Auf vielen Inseln wäre diese Summe schon ein Monatsspitzenlohn. Wenn die Durchschnittswohnung einer Familie kleiner ist als ein mittelgroßes Hotelzimmer, kann man verstehen, daß Gäste und Einheimische ein distanziertes Verhältnis zueinander haben. Zumal es kaum Anlaß für Begegnungen gibt, und einer den Lebenshintergrund des anderen gar nicht so einfach nachvollziehen kann.

Die karibischen Gesellschaften, meist mit dem Erbe einer nach Hautfarbe gestaffelten Hierarchie, gepaart mit tiefer Religiösität und guter Schulbildung, sind auf der Suche nach ihrer Geschichte und ihrer Identität. Daß Sonnensüchtige aus Deutschland oder den USA ihnen dabei helfen, darf bezweifelt werden. Es wäre schon viel gewonnen, wenn gegenseitiger Respekt zur Selbstverständlichkeit würde.

Auf den vorgeschlagenen Reiserouten werden viele Seiten der tropischen Inselwelt sichtbar, die demjenigen, der nur zwischen Strand und Hotel pendelt, garantiert entgehen. Hier, wo sich die Kulturen verschiedener Kontinente auf engstem Inselraum kreuzen, werden Ausflüge zu Expeditionen in andere Welten.

St. Thomas mit seiner Hauptstadt Charlotte Amalie

Jeder, der die Sinne öffnet, hat Erlebnisgarantie. Und sei es am Ausklang eines Tages, wenn durch milde Abendluft ein sternenklarer Himmel funkelt und die Geräuschkulisse des Regenwaldes zur Sinfonie der Tropen anschwillt. ■

II Kleine Antillen, große Geschichte
Karibische Chronik

Unentdeckt: die »Amerindians«

Im Unterschied zu den indianischen Hochkulturen Südamerikas hatten sich auf den Kleinen Antillen dörfliche Stammesgesellschaften entwickelt, die in Harmonie mit ihrer natürlichen Umwelt lebten. Im 14. Jahrhundert schätzt man im Raum der Karibik etwa eine Million Menschen, die man als *Taino* bezeichnet.

3000 v. Chr. Das Fischervolk der Ciboney besiedelt von Venezuela aus die Karibik.

um 100 Bauern einer höheren Kulturstufe setzen auf die Großen, später auf die Kleinen Antillen über. Sie gehören zu den Stämmen der Nepoio, Yao, Shebao, Carinepagoto, Chaimas und Chaguanes, die die Spanier kurz *Arawaks* nennen. Alle haben eine gesellige Kultur ohne Privateigentum und essen scharf gewürzte Kartoffeln. Am liebsten spielen sie mit einem Gummiball, wenn sie nicht gerade Zigarre schmauchend in der Hängematte dösen. Kult- und Gebrauchsgegenstände wie reich verzierte Stühle aus Edelholz oder kunstvoll gehämmerter Goldschmuck zeugen von großen handwerklichen Fertigkeiten.

um 1300 Aus dem Amazonas-Delta stoßen die kriegerischen Kariben auf ihren schnellen Kanus nach Norden vor. Außer Lendenschurz tragen sie nur Kriegsbemalung. Die Jungen werden von Kindesbeinen an auf Kampf trainiert, lernen, die Zähne zusammenzubeißen und mit dem Flitzebogen umzugehen (sie können damit sogar fliegende Kolibris treffen). Die Kariben, die fremde Frauen stehlen und rituellen Kannibalismus pflegen, sind geschickte Handwerker, nicht nur bei der Herstellung von Pfeilen und Äxten, sondern vor allem im Bootsbau. 100-Meilen-Trips in ihren Kanus, die bis zu 100 Menschen tragen, sind keine Seltenheit.

Kolumbus und die Folgenden
Spaniens Eroberungen im 16. Jahrhundert

Die Insulaner halten ihre »Entdecker« anfangs für höhere Wesen, müssen deren niedrige Absichten allerdings bald erkennen. Zwangsarbeit in Gold- und Silberbergwerken sowie ein-

Umschlagplatz für Menschen und Waren: St. Thomas um 1850

geschleppte Krankheiten führen innerhalb weniger Jahrzehnte zur Dezimierung der *Arawaks*. Reste der Kariben verteidigten dagegen einzelne Inseln bis ins späte 18. Jahrhundert. Ende des 16. Jahrhunderts ist der Völkermord nahezu vollendet. Da sich die Spanier aufs Festland konzentrieren, entsteht auf den Antillen ein Bevölkerungs- und Machtvakuum. Im gesamten Archipel leben schließlich neben ein paar tausend Indios nur noch knapp 8 000 Spanier, allerdings schon 50 000 versklavte Afrikaner.

1492 Kolumbus landet auf der Bahama-Insel Guanahani und hält es für »Westindien«. Auf seiner zweiten Reise (1493) stößt er auf die Kleinen Antillen, auf der dritten Reise (1498–1503) erreicht er Trinidad und Südamerika.

1503 In einer »Befriedungskampagne« werden Zehntausende *Amerindians* umgebracht.

1507 Erste Weltkarte mit »Amerika«, benannt nach Amerigo Vespucci, einem Seefahrerkollegen von Kolumbus.

1519 Auf Puerto Rico dreht sich das erste Zuckermühlrad. Afrikaner werden ab 1524 als »Arbeitstiere« in die Karibik verschleppt.

1536 Portugiesen entdecken Barbados. Die Internationale der Seeräuber spezialisiert sich auf die spanischen Gold- und Silbertransporte, die sie – teils auf eigene Faust, teils im Auftrag der jeweiligen Krone – ausrauben.

1560 Thomas More (Morus) siedelt seinen Roman »Utopia«, einen fiktiven Reisebericht über einen glücklichen Inselstaat, in der Karibik an.

1565 Francis Drake trifft mit einer Ladung Sklaven in der Karibik ein. 1577 bekommt der englische *privateer* den königlichen Auftrag, spanische Handelsschiffe und Städte zu überfallen. Dafür wird er 1581 geadelt.

1595 Vor Puerto Rico schlägt eine britische Flotte unter Drake die Spanier, die bereits 1588 ihre Armada im Ärmelkanal verloren hatten.

Siedler, Sklaven und Piraten
Kolonialkriege des 17. Jahrhundert

Europäische Einwanderer, oft religiöse Flüchtlinge und häufig kaum besser behandelt als die Afrikaner, siedeln sich an. In der ersten Hälfte des 17. Jahrhunderts beherrschen die Holländer fast den gesamten karibischen Handel. Erst in der zweiten Jahrhunderthälfte beginnen Briten und Franzosen die Kleinen Antillen systematisch zu erobern. Dabei kommt es immer wieder zu Kämpfen mit den Ur-Insulanern. Die Inseln über dem Winde haben sich als Zuckerproduzenten so gut entwickelt, daß Europas Kolonialmächte dafür auch gegenseitig Seekriege anzetteln. Das Insel-wechsel-dich beginnt und dauert bis ins späte 18. Jahrhundert.

1621 Mit der Gründung der Holländisch-Westindischen Handelsgesellschaft wird Portugals Monopol auf den Sklavenhandel (Profit pro Sklave bis zu 800 Prozent) gebrochen.

1623 England besetzt die Inseln St. Kitts und Barbados (1625). Unter Peter Stuyvesant nehmen die Holländer Curaçao in Besitz (1634). Die Franzosen besetzen Guadeloupe und Martinique (1635). Die Engländer erobern Antigua (1636), das sie später zum größten karibischen Kriegshafen ausbauen.

1647 Der erste Rum, *rumbullion* genannt, wird in Barbados gebrannt.

1651 Auf Grenada begehen Kariben Massenselbstmord, nachdem sie von französischen Truppen in die Enge getrieben wurden.

1675 Ein Sklavenschiff strandet in St. Vincent. Die Afrikaner vermischen sich mit den Insulanern, woraus Schwarze Kariben werden.

1687 Der Engländer William Phips plündert eine spanische Galeone und erbeutet den bis dahin größten Gold- und Silberschatz. Auf vielen Inseln errichten Freibeuter Gewaltregime.

1693 Der Dominikanermönch Jean Labat bereist die Kleinen Antillen und schreibt darüber vielgelesene Memoiren.

1695 Ludwig XIV. erläßt den berüchtigten »Code Noir«, der die Züchtigung von Sklaven regelt und Aufstände verhindern soll.

Waffen für Sklaven, Rum für Rohstoffe
Dreieckshandel im 18. Jahrhundert

Die Kleinen Antillen werden zu Ausbeutungskolonien umfunktioniert. Der Sklavenhandel kommt in Schwung. Triste Monokulturen bestimmen bald das Bild. Macht und Reichtum der Kolonialmächte basieren auf dem Triangelgeschäft zwischen Europa (Gebrauchsgüter), Afrika (Sklaven) und Amerika (Zucker, Kaffee etc.). Sklavenaufstände werden brutal niedergeschlagen. In der Karibik entsteht eine nach Hautfarbe schattierte Gesellschaft.

1718 Die klassische Piraterie mit Holzbein und Totenkopf erreicht ihren Höhepunkt. König Georg I. erläßt eine Generalamnestie für Seeräuber, die sich daraufhin massenhaft den Rock der Royal Navy überstreifen.

1719 Daniel Defoes Roman »Robinson Crusoe« erscheint.

1733 Erster großer Sklavenaufstand auf St. John, dem Dutzende folgen: 1734 Jamaika, 1736 Antigua, 1737 Guadeloupe, 1752 Martinique, 1761 Nevis, 1763 Surinam, 1765 und 1769 Jamaica, 1771 St. Vincent, 1776 Montserrat, 1795 Grenada.

1739 Spanisch-Englischer Krieg, bei dem es vordergründig um das abgeschlagene Ohr eines Offiziers, in Wirklichkeit aber um Westindien geht.

1753 Der englische Philosoph David Hume veröffentlicht seinen Essay »Of National Characters«, in dem er Farbige als »bar jeder Individualität« bezeichnet. Der Glaube an deren Minderwertigkeit wird Überzeugung der weißen Herren und Grundlage des Rassismus in Recht und Gesellschaft. England partizipiert zu 50 Prozent am Sklavenhandel.

1756 Siebenjähriger (weltweit ausgetragener) Krieg zwischen England und Frankreich um die koloniale Vorherrschaft beginnt; die siegreichen Briten pressen 80 Prozent ihrer Übersee-Einnahmen aus den kleinen Westindischen Inseln.

1762 Der französische Philosoph Jean-Jacques Rousseau hält den Zivilisationskrüppeln das Ideal des »edlen Wilden« entgegen.

1781 Nach der US-amerikanischen Revolution schwappt die erste Flüchtlingswelle in die Karibik. Die Briten zerstören die Insel St. Eustatius, die auf der Seite

Ein Schwatz auf dem Markt von St. Thomas, 1860

der Nordamerikaner gestanden hatte. Auf den Antillen leben rund 300 000 Sklaven, die nun fast überall die Majorität bilden.

1782 An der Seeschlacht bei Les Saintes sind 150 französische und 100 britische Schiffe beteiligt. Frankreichs Flotte wird von der Royal Navy unter Admiral George Rodney, die schließlich nach dem Sieg bei Trafalgar (1805) die Vorherrschaft des Union Jack auf den Weltmeeren erringt, vernichtend geschlagen.

Revolution und Emanzipation
Das Ende der Sklaverei im 19. Jahrhundert

Die Französische Revolution erschüttert auch die Fundamente der Sklavenhaltergesellschaft. Nach ihrer Befreiung flüchten die Afrikaner von den Plantagen und werden durch indische Kontraktarbeiter ersetzt. Um die Jahrhundertmitte haben sich die USA zur regionalen Vormacht entwickelt, mit der Karibik als »Hinterhof«. Durch Niedergang der Zuckerindustrie versinken die Kleinen Antillen in Bedeutungslosigkeit, mit Ausnahme weniger Inseln wie Trinidad, das von Asphalt und Kakao profitiert.

1791 Wie im Mutterland brechen auf den französischen Antillen Inselrevolutionen aus, die jedoch scheitern. Über 100 000 europäische Soldaten sind in der Karibik stationiert.

Zuckerrohrplantage auf den Virgin Islands, 1833

1793 William Blight, Ex-Kapitän der »HMS Bounty«, bringt den Brotfruchtbaum in die Karibik.

1806 In Barbados wird der erste Kricket-Club gegründet.

1823 Mit der »Monroe-Doktrin« erklären die USA Zentral- und Südamerika zu ihrem Machtbereich. Der deutsche Auswanderer J.G.B. Siegert erfindet die Aromaessenz Angostura Bitters.

1834 Das Verbot der Sklaverei durch Großbritannien im »Emancipation Act« – zuvor durch Dänemark (1792), zuletzt durch Spanien (1877) – wird auf den meisten Inseln bis heute gefeiert.

1845 Bis zum Ersten Weltkrieg wandern 500 000 Inder als Kontraktarbeiter ein. Durch die Erfindung des Runkelrübenzuckers (1847) und die Aufhebung der Schutzzölle für ausländischen Zucker in England (1851) wird der Niedergang der Plantokratie eingeleitet.

Rhum agricole von der Insel Guadeloupe

1861 Nach Ausbruch des US-amerikanischen Bürgerkrieges mutieren zahlreiche Inseln zu Umschlagplätzen für Kriegs- und Friedensware.

1881 Das Verbot des Karnevals in Trinidad führt zu Unruhen. Kostüm- und Trommelverbote gibt es bis zum Zweiten Weltkrieg.

1889 English Harbour auf Antigua wird als Flottenstützpunkt der britischen Marine aufgegeben.

Hunger im Paradies
Kolonialregime bis zum Zweiten Weltkrieg

»Uncle Sam«, mittlerweile Weltmacht, dirigiert die Geschicke der Region, und zwar mit dem Gewehrkolben. Die Kleinen Antillen, ins historische Abseits geraten, spielen dabei nur eine Statistenrolle. Die Rezession der dreißiger Jahre führt zu Hungerkatastrophen und Aufständen. Dagegen profitieren einige Inseln im Zweiten Weltkrieg von der Anwesenheit der US-Amerikaner, die die Kleinen Antillen als natürliche Flugzeugträger nutzen.

1902 Die USA betreiben *big stick policy* mit zahlreichen Okkupationen, z.B. auf Haiti und Kuba. Beim Ausbruch des Vulkans Mont Pelée auf Martinique werden alle 30 000 Bewohner der Hauptstadt getötet.

1906 Erstes Kricket-Match eines Teams der West Indies gegen England.

1910 Auf Trinidad wird Öl entdeckt.

1914 Eröffnung des Panama-Kanals, an dem viele tausend Antillianer mitgruben. Im Ersten Weltkrieg wird das schwarze British-West-Indies-Freiwilligen-Regiment gegen den Willen der Soldaten fast ausschließlich hinter der Front eingesetzt. Die USA kaufen die dänischen Antillen (1917).

1920 Nach Einführung der Prohibition in den USA wird die Karibik zur Drehscheibe des Alkoholschmuggels.

1932 In Port of Spain wird die Zeitschrift »The Beacon« gegründet (u.a. von C.L.R. James), das erste Forum für karibische Literatur.

1935 Protestmarsch der Ölarbeiter in Trinidad. Die Weltwirtschaftskrise bedeutet Elend und Depression, die sich in Streiks und Rebellionen Luft machen.

1939 Growling Tiger, alias Neville Marcano, wird erster *Calypso King* von Trinidad.

1940 Im Zweiten Weltkrieg schließen sich die französischen Antillen nach der Besetzung Frankreichs dem Hitler-freundlichen Vichy-Regime an. Deutsche U-Boote beschießen einzelne Inseln (1942 Beschuß von Castries, St. Lucia), auf denen die USA Basen errichtet haben. Stationierte GIs bringen Dollars und Prostitution. Der Schriftsteller Ernest Hemingway macht mit seinem Privatkriegsschiff »Pilar« Jagd auf deutsche Schiffe.

1944 In seinem Klassiker »Capitalism and Slavery« weist Eric Williams, späterer Präsident von Trinidad & Tobago, den Zusammenhang zwischen Plantagensystem, Sklaverei und Aufstieg der Industriestaaten nach.

Zweite Entdeckung
Unabhängigkeit und Tourismus nach dem Zweiten Weltkrieg

Kuba, das sich unter Castro aus der US-amerikanischen Umklammerung befreit, wird für viele zum Vorbild. De facto schlagen aber fast alle Inseln der Kleinen Antillen den kapitalistischen Weg ein. Die meisten kämpfen dabei bis heute mit der starken Schlagseite ihrer Volkswirtschaften – mit Massenarmut und hoher Arbeitslosigkeit – und schreiben beim Staatshaushalt tiefrote Zahlen. Obwohl auf manchen Inseln Slums entstanden, ist das Bildungsniveau durchweg sehr hoch. Während die niederländischen und französischen Antillen dem Mutterland angegliedert werden, führt auf den britischen Inseln eine Elite, die zumeist in Oxford studiert hat, ihre Mikrostaaten in die Unabhängigkeit. Mit der Entwicklung des Flugtourismus verlegen sich fast alle Inseln auf das Geschäft mit der Sonne.

1948 Die »SS Empire Windrush« bringt die ersten westindischen Emigranten nach England.

1952 Frantz Fanon aus Martinique schreibt »Schwarze Haut, weiße Masken«, eine Psychologie des Rassismus.

1959 Auf Kuba stürzt ein Revolutionstrupp unter Fidel Castro den Diktator Batista, eine Marionette der USA.

1960 Der auf Guadeloupe geborene Lyriker Saint-John Perse erhält den Literatur-Nobelpreis.

1961 Der Versuch Großbritanniens, seine karibischen Kolonien in den Staatenbund der Federation of the West Indies zu entlassen, scheitert nach drei Jahren. Überbleibsel sind die University of the West Indies (UWI) und der lose Bund der Caribbean Community (CARICOM). Fast alle Inseln haben nun Tourismusbüros.

1962 Mit Trinidad & Tobago wird das erste Land der Kleinen Antillen unabhängig. Es folgen Barbados (1966), Grenada (1974), Dominica (1978), St. Lucia (1979), Antigua & Barbuda (1981) und St. Kitts & Nevis (1983).

1966 Stokely Carmichael aus Trinidad, in den USA lebender Student und Politaktivist, entdeckt »Black Power«.

1975 Durch den Vertrag von Lomé werden viele Inseln der Karibik zu assoziierten Staaten der Europäischen Gemeinschaft. Die Rasta-Bewegung und die Reggae-Musik breiten sich in der britischen Karibik rasant aus.

1979 Der Ökonom Sir Arthur Lewis aus St. Lucia bekommt den Nobelpreis.

1983 US-Truppen besetzen unter fadenscheinigen Vorwänden das prokubanische Grenada. Auf einzelnen Inseln, z.B. Antigua, ist der Tourismus zur größten Einnahmequelle geworden.

1989 Hurrikan »Hugo« rast mit bis zu 320 Stundenkilometern über die Karibik.

1991 Putsch in Trinidad scheitert.

1992 Derek Walcott aus St. Lucia erhält den Literatur-Nobelpreis.

1994 Auf der »Expo 94« in Port of Spain präsentiert sich die Industrie der CARICOM-Staaten als Wachstumsbranche, z.B. stiegen Trinidads »Non-oil«-Exporte 1993 um neun Prozent. ■

Familientrip in die Unterwelt: U-Boot auf St. Thomas

ANTIGUA – INSELINFOS

int. Vorwahl: ✆ 001-809

Sprich: *Antiga*. Die Medaille mit den zwei Seiten: einerseits Luxushotels, ehrgeizige Projekte und hohe Zuwachsraten im Tourismusgeschäft, andererseits ein gemütlich wirkendes Inselinnenleben, das noch sehr ländlich und (bei Niedrigstlöhnen) auch sehr einfach ist. Daß Premier V.C. Bird sich 26 Jahre im Amt hielt, deutet auf den Grad der Vetternwirtschaft hin, durch den sich kaum jemand die gute Laune verderben läßt.

Inseldaten

Geschichte

1493: Namengeber Kolumbus segelt vorbei. – 1632: Engländer kolonisieren die Insel, die (mit kurzer französischer Unterbrechung 1666) auch britisch bleibt. – Während des 17. Jh. häufige Attacken der (von den Franzosen unterstützten) Kariben von Dominica aus. – 1674: Erste erfolgreiche Plantage von Sir Christopher Codrington (der dafür Barbuda erhält) wird Vorläufer von 170 Zuckermühlen. – Anfang 18. Jh.: English Harbour wird Flottenstützpunkt der britischen Marine in der Karibik. – 1736: Bei einem Sklavenaufstand soll ein Ashanti-Königreich errichtet werden. – 1756: Französische Überfälle während des Siebenjährigen Krieges. – 1780: Bei einer Dürre sterben 8000 Menschen. – 1782: Baubeginn der mächtigen Festung Shirley Heights, die English Harbour uneinnehmbar macht. – 1860: Barbuda wird Antigua angegliedert, 1872 kommt Redonda hinzu. – 1918: Revolten auf den Zuckerrohrfeldern. – 1930: Anfang vom Ende der Zuckerindustrie. – 1967: Antigua erhält zusammen mit Barbuda den Status eines mit Großbritannien assoziierten Staates. – 1981: Vollständige Unabhängigkeit als konstitutionelle Monarchie, die britische Königin ist Staatsoberhaupt.

Insel in Zahlen

Mit 280 km² ist Antigua etwas größer als Tobago. Barbuda (160 km²) liegt 40 km nördlich und das unbewohnte Redonda (1,3 km²) 55 km westlich. – Mit 66 000 Einwohnern zählt sie zu den schwächer besiedelten Inseln (184 Einwohner pro km²). – Die meisten Bewohner sind afrikanischer Herkunft und anglikanischen Glaubens. – Man spricht Englisch, untereinander aber Dialekt. – Die **Hauptstadt St. John's** hat 30 000 Einwohner. – 70 % des Bruttosozialprodukts kommen aus dem Tourismus. Die Arbeitslosenzahl ist niedrig. 25 % der Erwerbstätigen bewirten in den Hotels und Restaurants jedes Jahr über eine halbe Million Gäste, über 50 % davon aus den USA, aber zunehmend auch aus Europa. – Elektrizität: 220/110 Volt Wechselstrom, Adapter erforderlich.

Landschaft und Klima

Indian Town, ein Naturschutzgebiet im Osten mit starker Brandung am Felsbogen Devil's Bridge, gehört zum Spektakulärsten, was die Insel zu bieten hat. Ansonsten gleicht die Szenerie einer großen grünen Wiese: Flachland, auf dem Esel grasen, seichte Hügel, stille Buchten und Häfen, die zu den attraktivsten der Karibik zählen. – Hier wird kein Urlaub verregnen (110 cm Regen im Jahr, davon der meiste zwischen September und November); einen Pullover brauchen Sie nicht, denn die Temperaturen sinken i.d.R. höchstens von etwa 30 °C im Sommer auf angenehme 23 °C im Winter.

Sehenswürdigkeiten

Wie die Perlen einer Kette liegen die **Forts** auf dem Rand der einst strategisch so wichtigen Insel

◁ *In St. John's, der Hauptstadt Antiguas*

– von Fort Barrington (Einfahrt nach St. John's Harbour), über Great George Fort (über Falmouth Harbour), Fort James, Fort Berkeley bis Shirley Heights, der größten Kanonenfeste. Erwähnenswert sind außerdem **Boggy Peak**, mit 402 m die höchste Erhebung mit Blick auf die umliegenden Inseln, und **Green Castle Hill**, auf dem ein Megalith steht. **Parham**, die erste britische Siedlung und Ex-Zuckerhafen, soll restauriert werden.

Reisedaten

Auskunft

Antigua & Barbuda Department of Tourism
Thomasstr. 11
61348 Bad Homburg
✆ (061 72) 215 04, Fax 215 13

Antigua & Barbuda Department of Tourism
P.O. Box 363, Thames St.
St. John's
✆ 462-0480/0029, Fax 462-2483
Mo–Do 8–16.30, Fr 8–15 Uhr
Das Büro am Flughafen ist zu allen Ankunftszeiten von Flügen geöffnet.

Carnival Office
Corn Alley
St. John's
✆ 462-0194/4707
Hier bekommt man Informationen über den Karneval auf Antigua.

An- und Abreise

V.C. Bird International Airport (6 km von St. John's) ist einer der meistfrequentierten Flughäfen der Region. Die Ausreisegebühr beträgt 30 EC $/12 US $.

Einkaufen

St. John's Einkaufsstraßen sind recht munter; hinzu kommen zwei Shopping Malls (Heritage Quay und Redcliffe Quay) mit dem bekannten karibischen Sortiment an Schmuck, Uhren, Klamotten etc. Auch Hotels (z.B. Jolly Harbour Resort) haben eigene Shopping-Zeilen; man braucht sie also gar nicht mehr zu verlassen. Öffnungszeiten: Mo–Sa 9–17 Uhr.

Essen und Trinken

Die Restaurantszene ist für die englischen Antillen überdurchschnittlich entwickelt. Spezialitäten sind Hummer und Snapper; *pepperpot*, ein dicker Eintopf; *funghi* (Maisbrei mit Salzfisch), auch Spanferkel und Hähnchen. Beliebt sind phantasievolle Cocktails wie Rum Punch und Piña Colada. Meist steht der Service mit auf der Rechnung, sonst 10 %. In allen Restaurants wird eine *government tax* von 7 % erhoben.

Festivals und Ereignisse

Januar und Juli: Antigua Windsurfing Regatta nach Barbuda
Ende April/Anfang Mai: Internationale Segelwoche
Mai: Jazz-Festival; *Curtain Bluff Tennis Classic* (Tennisturnier)
Juni: Karneval auf Barbuda
Erster Montag im Juli: Caricom-Tag
Ende Juli bis Anfang August: Karneval auf Antigua
Ende Oktober: Jazz-Festival
1. November: Unabhängigkeitstag
Anfang Dezember: Yacht Charter Show in English Harbour

Geld

Bezahlt wird mit Eastern Caribbean Dollar (2,7 EC $ = 1 US $) und den gängigsten Kreditkarten. Keine Euroschecks. Öffnungszeiten der Banken: Mo–Do 8–14, Fr 8–16 Uhr.

Nachtleben

Findet in den größeren Hotels statt. Royal Antiguan und St. James's Club haben Kasinos. Highlight: die Party auf Shirley Heights Do und So Nachmittag und Abend (vgl. 1. Route).

Presse/Radio/TV

Zeitungen gibt es in verschiedener politischer Einfärbung von der amtlichen »The Nation« über »The Workers Voice« bis zu »The Outlet«, dem Blatt des Liberation Movement. Das Radio sendet auf 62 FM (ABS) und 96 FM (ZDK) *local music*. Das private C-TV betreibt 12 Kanäle rund um die Uhr!

Reisen auf der Insel
Eine lokale Fahrerlaubnis (für 90 Tage) kostet 20 US $ nach Vorlage eines gültigen Führerscheins bei der Polizei. Es wird natürlich links gefahren, allerdings sind Straßen und Ausschilderung schlecht. Taxipreise sind festgelegt. Von St. John's aus verkehren Busse in Süd- und Ostrichtung.

Sportmöglichkeiten
Die Einheimischen bevorzugen Kricket, Fußball und Pferderennen, die Gäste Windsurfing (die leichten Brisen der *leeward side* sind gut für Anfänger, die starken Winde der *windward side* für Fortgeschrittene; viele Surfschulen; jährlich zwei Windsurfing Regatten, Schnorcheln und Tauchen (z.B. Paradise Reef, Dickenson Bay oder das von Riffs umgebene Prickly Pear Island), Golf (18-Loch: Cedar Valley Gulf Course, ✆ 462-0161; 9-Loch zum Half Moon Bay Club gehörig, ✆ 460-4300, und am Jolly Harbour Beach Resort, ✆ 462-6166) und Tennis (Hotels vermieten Plätze auch, wenn man kein Gast ist, z.B. Royal Antiguan, ✆ 462-3733; St. James's Club, ✆ 460-5000; Temo Sports, ✆ 463-1781, English Harbour. Tennisplätze und Squashcourts).

Strände
Die vollständige Aufzählung würde ein eigenes Kapitel beanspruchen. Deshalb nur ein paar Tips, z.B. **Deep Bay** (St. John's), **Galleon Beach** (English Harbour), **Half Moon Bay** (Freetown) oder **Dickenson Bay** (im Nordwesten), eine der schönsten, aber auch bestbesuchten Naturbadewannen. Die schönsten **Korallenriffe** sind Cades Reef *(underwater park)*, Sandy Island Reef, Horse Shoe Reef, Barracuda Alley und die Riffe um Little Bird Island.

Unterkunft
Das Angebot zählt zum Vielfältigsten, was die Kleinen Antillen zu bieten haben, und konzentriert sich auf die Nordküste und die Gegend um English Harbour. 10 % *service charge* und 7 % *government tax* müssen zu den Preisen hinzugerechnet werden.

Die Kathedrale von St. John's

Wichtige Adressen und Telefonnummern

Deutsches Honorarkonsulat
P.O. Box 1259
Ocean View
Hodges Bay
✆ 462-3174, Fax 462-3496

Holberton Hospital
Hospital Rd.
✆ 462-0251/2/3/4

Notruf ✆ 999, 911
Polizei ✆ 462-0125
Feuerwehr ✆ 462-0044

1. Route: **Antigua**/ St. John's – English Harbour – Shirley Heights – St. John's (75 km)

Vormittag

Stadtrundgang in **St. John's**; über Market St. und Valley Rd. rechts am Marktgebäude vorbei führt die Landstraße Richtung Süden; nach Bad und Imbiß am **Darkwood Beach** folgt man der Hauptstraße; nach einer kurzen Strecke durch die Reste eines Regenwaldes hinter Swetes an der Kirche scharf nach rechts abbiegen; gleich am Ortseingang von **English Harbour Town** rechts zu **Nelson's Dockyard** fahren.

Nachmittag

Besichtigung von **Nelson's Dockyard** – danach in English Harbour Town an der Kirche vorbei hoch auf **Shirley Heights**. – Auf dem Rückweg in **Cobbs Cross** rechts, bei der nächsten Gabelung links bis zum Ende der Straße, dann noch mal rechts ab und sofort wieder links; wenn man auf die große Querstraße stößt, geht es links zurück nach **St. John's**.

Plan: Wer sich alle Gemäuer von English Harbour genauestens anschauen möchte, braucht dafür einige Stunden.

Jumby Bay Resort
P.O. Box 243
Long Island
✆ 462-6000, Fax 462-6020
Absoluter Superluxus auf einer privaten Insel nordöstlich von Antigua mit allen denkbaren Angeboten: Tennis, Segeln, Tauchen ... $$$$$

Blue Waters Beach Hotel
Soldiers Bay
P.O. Box 256
✆ 462-0290/2, Fax 462-0293
Zwischen Airport und Hauptstadt gelegenes Nobelhotel mit zwei eleganten Restaurants drinnen und draußen und schönem Strand. $$$$/$$$

Cortsland Hotel
P.O. Box 403
Upper Gambles
✆ 462-1395/1029/0705
Ländliches, gemütliches Ambiente, mit Swimmingpool. $$

St. John's:

Die Inselhauptstadt (30 000 Einwohner) liegt an Antiguas größtem Naturhafen. Außer der Kathedrale sprengt kein Gebäude ihre kleinen Proportionen. Da mit den Touristen Geld in die Stadt kommt, gibt es viele Schaufenster.

Museum of Antigua & Barbuda
Long/Ecke Market St.
✆ 462-1469/4930
Mo–Do 8.30–16, Fr bis 15, Sa 10–14 Uhr
Untergebracht im Old Court House von 1747. Genauso bunt gemischt wie Antiguas Nationalflagge, mit vielen Angeboten für Kinder, wie dem Modell einer Dampfmaschine.

Brother B's
Soul Alley/Ecke Long St.
✆ 462-0616
Mo–Sa 7.30–22 Uhr
Seit 20 Jahren gutes Essen, jeden Mittag wechselndes Fischgericht. Sa Live-Jazz. $$

Calypso
Upper Redcliffe St.
✆ 462-1965
Mo–Sa 10.30–17 Uhr
West Indian seafood, serviert im Patio; 16–17 Uhr *happy hour*. $

Chez Pascal
Cross/Ecke Tanner St.
✆ 462-3232
So. geschl.
Das charmante Familienrestaurant mit französischer Küche gilt als eines der besten der Insel; Mo–Fr wird ab 18.30 Uhr im Garten serviert. $$$

Hemingway's
St. Mary's St.
✆ 462-2763
Mo–Sa 8.30–23 Uhr
Die Veranda dieses Kolonialhauses (frühes 19. Jh.) ist ein idealer Beobachtungsposten, egal ob man nur Kaffee trinkt oder Fisch futtert. $$

Russell's Bar & Restaurant
✆ 462-5479
Fort James (gegenüber St. John's, erreichbar über Newgate St. und Wilkinson Cross Richtung Norden; am Ortsausgang links abbiegen). Romantische Festungsterrasse mit einfachen Snacks und Sonnenuntergang. $

St. Mary's Street
Eine der Einkaufsstraßen, in der es so etwas Außergewöhnliches wie **The Map Shop** (Mo–Fr 9–17, Sa bis 14 Uhr) für Karibikbücher und Landkarten gibt. Im **Coco Shop** (Mo–Fr 8.30–16, Sa bis 12 Uhr) hängen karibisch gemusterte Kleider auf der Stange.

Heritage Quay
Ende St. Mary's St.
Mo–Sa 9–17 Uhr
Eröffnete 1988: Standardangebote für Dollartouristen auf zwei Stockwerken plus Kasi-

Darkwood Beach

no und Satelliten-TV auf dem Riesenbildschirm.

Redcliff Quay
Zum Shopping-Paradies umfunktionierte ehemalige Sklavenquartiere, in denen heute mit Juwelen, Antiquitäten und Designer-Kleidung gehandelt wird.

Kathedrale
Church Lane
Doppelfinger der Stadtsilhouette. Wurde 1847 (nachdem 1843 ein Erdbeben die Vorgängerkirche zerstört hatte) im georgianischen Stil erbaut. Ihr kühler, vollständig in dunklem Holz gehaltener Innenraum zeugt von großer Zimmermannskunst. 1974 wurde das Gotteshaus von einem Erdbeben beschädigt. Auf den Grabsteinen vor der Kathedrale machen *Antiguans* gern Pause.

Darkwood Beach
Vor Crab Hill
✆ 462-8240
Tägl. 8.30–22.30 Uhr
Beach-Bar mit Transistorradio. Zu empfehlen: »Mamas Chicken«. $

The Nature of Things
Crab Hill Village
Skurriler Laden, in dem Winston Hazzard Muscheln und Seesterne verkauft.

English Harbour Town:

English Harbour
The Parks Commissioner
P.O. Box 1283
Nelson's Dockyard
✆ 462-1053/1379/1380
Der Hafen und die Militäranlagen aus dem 18. Jh., die in den letzten Jahren wieder in Schuß gebracht wurden, zählen zu den beeindruckendsten Monumenten der Antillen. Die dicken Steinpoller im Dockyard (einzige erhaltene Werft aus georgianischer Zeit) zeigen, wie stabil das Empire war. London investierte Millionen Pfund, zog man damals doch seinen großen Reichtum hauptsächlich aus den Kleinen Antillen. Von 1784–87 war Horatio Nelson hier stationiert und verärgerte die Kaufleute, weil er amerikanische Schiffe boykottieren wollte. Das Museum im ehemaligen **Admiral's House** ist ein Muß für Schiffsnostalgiker. English Harbour gilt nach wie vor als erste Adresse für Segler.

Admiral's Inn
Nelson's Dockyard
P.O. Box 713
✆ 460-1027/1153, Fax 460-1534
Restaurant tägl. 7.30–9.30, 12–14.30 und 19.30–21.30 Uhr; Sept. bis Mitte Okt. geschl. 15 Zimmer in einem 200 Jahre alten Back-

steinbau und historische Kneipe. Probieren Sie *Yachtsman's dinner* auf der Terrasse direkt im Hafenbecken. $$/$$$

Copper & Lumber Store
Nelson's Dockyard
P.O. Box 184
✆ 460-1058
Fax 460-1529
Stilvolles, liebevoll restauriertes Haus mit 14 Studios, Bar und Pub (Mainbrace Bar). $$$–$$$$/$–$$

Colombo's
P.O. Box 1003
Galleon Beach Club
✆ 460-1452
Lunch 12–15, Dinner 19–22.30 Uhr
Italienisches Restaurant mit frischen Nudeln, Hummer und Fleischgerichten. Abends Nachtclub, mittwochs Reggae und *Soca live*. $$$

Shirley Heights
Es stehen zwar nur noch die Außenfassaden, aber man ahnt, daß es sich bei den Kasernen, dem Offizierskasino und der Kantine mit ihren langen Arkadengängen um ein historisches Bauwerk handelt. Unter den Regimentern, die hier oben Dienst schoben, waren Dudelsack spielende *Royal Scots*, die *Royal Americans*, die in Wirklichkeit Deutsche waren und als einzige im »Quickstep« marschierten, sowie sieben *West India Regiments* mit klimaangepaßten schwarzen Soldaten, aber weißen Offizieren.

Lookout
Shirley Heights
✆ 460-1785
Tägl. 9–22 Uhr
Prima Essen, gemischtes Publikum und herrliche Rundsicht auf die zerklüftete Küste. So und Do ab 15 Uhr Steelband und Reggae. $$

Shirley Heights

1 **Der sichere Hafen:** Von St. John's zum English Harbour

Unter Ihnen liegt »Nur eine kleine Insel« – wenn Sie Antigua durch das Flugzeugfenster sehen, sollten sie den gleichnamigen Roman von Jamaica Kincaid bereits gelesen haben. Der schmale Band hat es jedenfalls in sich. Die Schriftstellerin, die auf Antigua aufgewachsen ist, erklärt in kurzweiligem Ton und mit schneidender Ironie, wie die Inselgesellschaft gewebt ist. Musterknaben kommen nicht vor, dafür ein greiser Präsident und seine zerstrittenen Söhne, hofierte Rauschgiftdealer und Bauspekulanten, kaffeebraune Damen und käsebleiche Touristen, Taxifahrer, Engländer und Antiguaner.

Von oben ähnelt Antigua einer ausgefransten Tischdecke. Ihre sandigen Buchten sind ungezählt (obwohl die Werbung hartnäckig behauptet, es seien 365), und sie wurden ihr Schicksal, denn Lord Nelson konnte seine Schlachtschiffe darin ebensogut verstecken, wie die Hotelindustrie heutzutage ihre Fünf-Sterne-Domizile. Und jeder findet hier mühelos seinen Lieblingsstrand.

St. John's, ein Hafenstädtchen, das Hauptstadt spielt, macht einen freundlichen, leicht abgeblätterten Eindruck. Vom ersten Stock des Restaurants »Hemingway's« kann man gelassen auf Wellblech, abenteuerlich verstrickte Telefonstrippen und das Treiben in **St. Mary's Street** hinunterblicken: Frauen tragen Eimer auf dem Kopf, Souvenirstände verstellen den Bürgersteig, und ein Mann mit Glocke ver-

spricht bimmelnd den Himmel auf Erden. Das Durcheinander auf der Straße paßt zum Wirrwarr der Baustile: Blechdachhütten lehnen an Zementblöcken, betagte bourgeoise Kolonialfassaden haben sich noch einmal herausgeputzt.

Das nagelneue Shopping-Center **Heritage Quay** liegt nur ein paar hundert Meter entfernt am Pier. In den Wintermonaten wird hier tagtäglich eine schnäppchenhungrige Meute von den Kreuzfahrtschiffen an Land geschwemmt. Dann mutiert der verschlafene Ort zur Kommerzkaribik, dann heißt es »Start frei« für den Ansturm auf Klunker und Klamotten. Dutyfree für harte Dollars. St. John's hat eine Highschool, eine Rumfabrik, ein Gefängnis und eine Kathedrale. Aber an den Inselabenden

Große Vergangenheit: English Harbour

gehen in der kleinen Stadt ziemlich bald die Lichter aus.

Das Nachtleben spielt sich an der Küste ab, wo die Hotelkomplexe zumeist den Namen jenes Strandes tragen, für den sie Exklusivität beanspruchen. Daß Antigua zum Inbegriff des Luxusurlaubs werden konnte, dafür sorgten uniformierte Gäste. Im Zweiten Weltkrieg war auch diese Insel US-Militärbasis, sie bekam eine Landebahn und dazugehörige Straßen – Vorteile, die man zu nutzen wußte, als die ersten Touristenbomber abhoben. Von Miami liegt die Insel nur zwei Flugstunden entfernt. Und wenn Sie morgens um neun in Frankfurt am Main in die Maschine klettern, kommen sie mittels Zeitverschiebung schon mittags auf der Gangway des **V.C. Bird Airport** das erste Mal ins Schwitzen.

Inzwischen können sich auch Müllers und Meiers hier einen Familienurlaub leisten, wenn auch jedes zweite der insgesamt 6 000 Hotelbetten zur höchsten Kategorie gehört. Fünf Kasinos machen die Insel zu einem Baden-Baden im Karibischen Meer.

Ein Abstecher ins **Museum of Antigua & Barbuda** vermittelt eine Vorstellung davon, wie das Leben auf Antigua so spielt. Nicht daß hier ein Komplettkurs in Inselgeschichte geboten wird, aber man spürt doch sofort die entspannte antiguanische Atmosphäre. Zwischen einer nachgebauten *Arawak*-Hütte und dem Kricket-Schläger des legendären Viv Richards klacken leise die Steine des *warri*, eines Brettspiels, das süchtig macht. Die junge Frau im Nebenraum strickt, und niemand macht Anstalten, Eintritt zu kassieren.

Leider fehlt in diesem liebenswerten historischen Trödelladen jeder Hinweis auf den Lokalmatador namens »Quarkoo«, einen Musikanten, den in den fünfziger Jahren jedes Kind kannte. »Er spielte die Gitarre auf eine ganz eigenartige Weise«, erzählt man, »und er war mit einem namenlosen, trinkenden Partner zusammen, der den Rhythmus hielt, indem er ein Bündel Knochen schüttelte«.

Der Original-Quarkoo, der mit einem Bauchladen, in dem er auch seine eigenen Liedtexte feilbot, über die Insel zog, stammt aus jener gar nicht so guten alten Zeit, deren Mixtur aus Armut und Exotik uns im nachhinein pittoresk erscheint. Nach dem endgültigen Ruin der Zuckerindustrie wurden die einst so profitablen Antillen aus der Weltökonomie gestrichen. Auch Antigua wurde zum Niemandseiland, in das niemand mehr investierte.

Als 1967 der erste schwarze Gouverneur ins *government house* zog, lag der durchschnittliche Monatslohn bei 25 Dollar. Damals feierte Samuel Smith gerade seinen 90. Geburtstag. Als dessen Biographie vor ein paar Jahren in Buchform erschien, weckte sie die Erinnerung an die Zeit vor der zweiten Entdeckung der West Indies durch die Tourismusindustrie. Der schwarze Mr. Smith, ein einfacher *Antiguan workingman*, arbeitete sein Leben lang auf den Plantagen. Sam starb 1982 im stolzen Alter von 105 Jahren, ein Zeuge zweier Jahrhunderte, dessen Urgroßmutter noch in Westafrika als Sklavin gefangen worden war. Er wird uns auf unserem Rundweg noch begegnen.

So weiß der Alte auch etwas über die anglikanische **Kathedrale** zu berichten. Nicht etwa über die schöne Pinienholzverschalung im Innern des Gotteshauses oder über die Doppeltürme, die in St. John's fast von jeder Stelle aus zu sehen sind. Er erzählt vielmehr von der doppelten Moral. Smith war schon über dreißig, als er die Kathedrale das erste Mal betreten durfte. Das war bis dahin nur den weißen Herrschaften erlaubt. Erst als sich nach der Jahrhundertwende das Elend auf Antigua in Hungeraufständen Luft machte, öffnete die britische Kolonialregierung die Kirchentür.

Der Weg, der St. John's in Richtung Süden verläßt, wiegt sich im sanften Auf und Ab einer savannenartigen Landschaft. Von der prallen Üppigkeit der Tropen hat Antigua nichts abbekommen. Das Land

Market Street in St. John's

wirkt wie ein englischer Park, in den irgendwie bunte Holzhäuser und Palmenhaine hineingeraten sind. Aus dem dünnen Flausch der Natur ragen Mühlenstümpfe, und darüber wölbt sich ständig ein makellos wolkenfreier Himmel mit einer Sonne, die für den guten Ruf Antiguas in unseren Reisebüros im Dauereinsatz ist.

Das Bilderbuchbadewetter hat eine harte Kehrseite. Nicht nur Sam erinnert sich noch gut an jene Jahre, als der Regen ganz ausblieb und die große Dürre kam. »*Hungry make rata abite baking stone*« (Eine hungrige Ratte frißt sogar heiße Steine) – so lautet eine bekannte Redewendung auf Antigua. Heutzutage sorgt ein Staudamm dafür, daß in den Hotels die Duschen immer rauschen.

Daß der Gast auf Antigua König ist, zeigt auch folgende Geschichte: Hinter dem Dorf Bolans liegt das Hotel Club Antigua mit seinem Jolly Harbour, einem neuen, ausgedehnten Jachthafen. Den Namen hat der Komplex wahrscheinlich wegen des Preises von rund einem Dollar pro Hektar, den der Schweizer Unternehmer Antiguas Regierung für das Grundstück gezahlt hat. Gar nicht lustig ist dagegen, daß das Projekt ein schlagendes Beispiel für die Bulldozermentalität im Tourismus abgibt, dem man hier 1988 einen ganzen Mangrovenwald geopfert hat. Die Folgen für die ohnehin gestreßte Inselumwelt sind nicht absehbar.

Zwei Kilometer weiter trifft die Straße auf die Küste. Wo man linker Hand im Straßengraben über einer kollabierten Baumaschine das Gras wachsen sieht, beginnt **Darkwood Beach**, einer von Antiguas Vorzeigestränden. Hochbetrieb herrscht hier selten, denn der nächste sandgesäumte Inselrand ist ja nicht weit. Also hinein ins rauschende Vergnügen. Wenn man die müden Glieder in den lauen Fluten treiben läßt und am Horizont die Schwesterinsel Barbuda flimmert, hält die Zeit ein wenig still.

Karnevalspuppe vor dem Museum of Antigua & Barbuda in St. John's

Hinterher in der Umkleidekabine, beim Generalangriff der Moskitos, sollte man sich dagegen beeilen. Am Strandimbiß wartet schon ein kleiner Snack. Wenn Sie Glück haben, machen Sie dabei auch die Bekanntschaft der alten Jaqueline, die sich hier manchmal mit Shakespeare die Zeit vertreibt und die weiße Haut ihrer Gäste bewundert, auch wenn die lieber braungebrannt wären.

Antigua, die Jetset-Insel, hat eine zweite, ländliche Seele. Seit der Sklavenzeit hat sich die Einwohnerzahl gerade mal verdoppelt. Durch die Dörfer rumpeln noch die Eselkarren. Die Häuschen, von denen viele so türkis leuchten wie das Meer, sind kleiner als ein Durchschnittszimmer im Hotel. Hier wohnen die Kellner und Zimmermädchen, die frühmorgens in klapprigen Bussen quer über die Insel zu ihrem Arbeitsplatz schaukeln. Antigua hat keine Slums, praktisch keine Arbeitslosigkeit und genügend Charme für *have-nots* und *high-society*.
Der löchrige **Fig Tree Drive** führt ein kurzes Stück durch dichtes Buschwerk, dann öffnet sich hinter **John Hughes** der Horizont bis weit über den Südosten der Insel. **Liberta** ist das erste Dorf Antiguas. Es wurde – daher der Name – von befreiten Sklaven gegründet, genau wie Freeman's Village, das Heimatdorf von Sam Smith. Ganz so frei war man dann doch nicht, denn das ganze Land gehörte den britischen Pflanzern. Trotzdem waren die Dorfgemeinschaften, die in der zweiten Hälfte des 19. Jahrhunderts entstanden, ein großer Fortschritt gegenüber dem Leben auf dem Gut, das keinerlei Privatsphäre zuließ.

Kurz nachdem Familie Smith über ein Jahr lang an ihrem ersten Haus aus Ästen und Secondhand-Material gebaut hatte, wurde es vom Hurrikan weggefegt, und sie mußten wieder von vorn anfangen. Bis zum Krieg wurde nicht nur das Dach über dem Kopf, sondern fast alles selber hergestellt – von der Bambuspfeife bis zu Messer, Löffel und Gabel, die man aus Holz schnitzte.

Wenn Sheik Amien Dahlawi nach Sonnenuntergang zur Cocktailparty am Pool lädt, knallen die Champagnerkorken, und die Stimmung der illustren Gästeschar schäumt über. Der freigiebige Multimultimillionär ist Patron des St. James's Club, der exklusivsten Hotelanlage Antiguas (mit fünf Bars, ebensovielen Boutiquen, Schönheitssalon und Kricket-Platz). Hier liegen die US-Paparazzis permanent auf der Lauer. Denn Glamour und ein wenig Dallas-Dekadenz im Kasino sind idealer Stoff für die Klatschspalten. Der Club liegt an Antiguas südlichster Kralle, dem Epizentrum der schönen neuen Ferienwelt.

Seit 1696 war Antigua Regierungssitz der englischen Leeward Islands. Der Grund ist der **English Harbour**, der einzige wirklich hurrikangeschützte Platz der Kleinen Antillen. **Nelson's Dockyard**, des Admirals »Nummer Sicher«, wurde jüngst rundumrestauriert, und die geschichtsträchtige Anlage mit Museum und dem Hotel Copper & Lumber Store in historischem Ambiente hat sich seitdem zur Attraktion gemausert. Das Dock gilt in puncto Schiffswartung immer noch als Top-Adresse der Karibik.

Die Kasernen, Magazine und Offizierskasinos lagen oben auf den Hügeln. Ihre verstreuten Ruinen sind noch zu besichtigen. Die *Royal Americans*, die hier 40 Jahre lang Dienst taten, sprachen untereinander kein Englisch. Es waren nämlich deutsche Auswanderer, die schon für das Empire gegen das französische Kanada gekämpft hatten. Aber auf dem Trutzfelsen wurde nicht nur exerziert. »Die schönen Kreolinnen tanzen mit fantastisch leichtem Schritt. Viele der Mädchen können lesen und schreiben. Sie kleiden sich geschmackvoll. Sie übernehmen alle Pflichten einer Ehefrau, außer bei Tisch zu sitzen«, schrieb ein schottischer Soldat über die einheimischen Frauen, die sich viele Offiziere als Geliebte hielten.

Auch heute kann man auf **Shirley Heights** das Leben genießen. Ein guter Grund hinaufzufahren ist nämlich der Lookout. Hier hat man nicht nur den mit Abstand besten Überblick über die Insel, hier finden auch donnerstags und sonntags Freiluft-Stehpartys auf höchstem Niveau statt. Schon spätnachmittags kommt am Grill langsam in Gang, was später auf der Tanzfläche eskaliert. Da schwingt der Scheich mit italienischen Models sein Tanzbein zum Reggae- und zum Soca-Beat. Da halten Minister und Hotelmanager Smalltalk, und junge Hochzeitspaare aus der Umgebung schauen mit braungebrannten Seebären gemeinsam ins *Punch*-Glas. Bevor Sie sich auf kürzestem Weg nach Hause begeben, genießen Sie noch einmal den optischen Dreiklang von Hafen, Halbinsel und Horizont, der sich auch an normalen Abenden lohnt. ■

Historisches Hafenbecken: Nelson's Dockyard

BARBUDA – INSELINFOS

int. Vorwahl: ✆ 001- 809

Antiguas Schwesterinsel lockt mit Luxus, Strandeinsamkeit und langen Lagunen. Die deftigen Preise der wenigen Unterkünfte sorgen für illustre Gäste.

Inseldaten

Geschichte

1680: Bis Sir Christopher Codrington sich die Insel »auslieh«, um Antigua von hier aus zu versorgen, gab es keine festen Siedlungen. – Um 1700: Sporadische Piratenüberfälle. – 1860: Barbuda wird Antigua angeschlossen. – 1991: Drittes Hotel eröffnet.

Insel in Zahlen

Die 160 km² große Insel liegt 40 km nördlich von Antigua und hat 1 200 Einwohner. Mit 5 Menschen pro km² ist sie eine der am geringsten besiedelten. – Die *Barbudans* sind meist hochgewachsen und Nachkommen des afrikanischen Stammes *Corramante*, die Codrington für seine »Zucht« auswählte. – Wichtigstes Exportgut ist Hummer. – Stromspannung: 220/110 Volt, Adapter erforderlich.

Landschaft und Klima

Wer dem Regenwetter in Europa entkommen will, ist hier genau richtig. Es regnet nur selten, die Temperaturen schwanken zwischen 23 und 30 °C. Die Korallenplatte hat zwar wenig »Herausragendes«, aber eine reiche Tierwelt, darunter viele Einwanderer wie Enten, Wildschweine und Hirsche(!). Im Nordwesten, wo sich Nehrungen mit flachen Lagunengewässern gebildet haben, fühlen sich Fregattvögel und anderes Federvieh wohl (etwa 170 Vogelarten). Fischer fahren Besucher bis auf 1–2 Meter an die Fregattvögel heran.

Reisedaten

Auskunft

Vgl. Antigua-Inselinfos.

An- und Abreise

Per Flugzeug nur ein 15-Minuten-Hopser von Antigua, mit dem Schiff dauert es länger; reguläre Schiffsverbindungen gibt es nicht.

Festivals und Ereignisse

Vgl. Antigua-Inselinfos.
Juni: Karneval

Reisen auf der Insel

Man kann das Eiland im gemieteten Jeep, zu Fuß (Wasser mitnehmen!) oder stilgerecht auf dem Rücken eines Pferdes erkunden.

Sport

Golf und Tauchen sind hier Standard. Strandfußball ist dagegen etwas für Snobisten.

Strände

Palaster Reef bildet eine natürliche Badewanne vor Spanish Point, und **Palmetto Point** hat rosa Streifen wegen der Korallenteilchen, die dort angeschwemmt werden.

Unterkunft

Coco Point Lodge und K Club heißen die Luxushäuser, Palmetto Hotel ist Mittelklasse. Das Sunset View Resort in Codrington hat 11 Zimmer und einen Pool (vgl. Extratour-Infos). Außerdem kann man Häuser mieten.

Besonderheiten

Auf Barbuda gibt es keine öffentlichen Telefone. Man kann nur von der Coco Point Lodge aus telefonieren.

Extratour – Informationen: Barbuda Vorwahl: ✆ 809

Coco Point Lodge
P.O. Box 90, ✆ 462-3816
Schon länger etablierte Luxusanlage, ab 400 US $ die Nacht.

Palmetto Hotel und Villas
Palmetto Point
✆ 460-0440
Mittelklassehotel unter italienischer Leitung. $$$

K Club Resorts
✆ 460-0300
Fax 460-0305
Traumhaft schöne Anlage aus Luxusvillen mit entsprechenden Preisen (1 000 US $, alles inklusive) und eigenem Golfplatz.

Sunset View Resort
✆ 460-0078
Bescheidenere Unterkunft, die aber doch etwas hat. $$

Spanish Point
Dieser Inselfinger teilt den wilden Atlantischen Ozean von der zahmen Karibischen

See. Vorgelagert sind das geschützte Palaster Reef und jede Menge Geisterschiffe.

Codrington Lagoon
Die Fischer vor Ort fahren Sie gern dicht an die Vögel heran, die das überhaupt nicht zu stören scheint.

Dark Cave
Höhle am Nordrand der Highlands, deren Eingang nicht ganz leicht zu finden ist. Sie dehnt sich unteridisch über einen Kilometer aus und hat an den Wänden indianische Zeichnungen. In der Nähe Darby Sink Cave.

Spanish Point, die Südspitze von Barbuda

Barbuda: Sonne, Sand und mehr

Extratour

Wer mit der kleinen Propellermaschine nach kurzem Flug von Antigua schließlich sicher auf dem einzigen Stück Asphalt auf Barbuda gelandet ist, wundere sich nicht, wenn er auf dieser windigen Insel nur wenige Menschen, dafür aber um so mehr Ziegen und Schafe trifft. Die vierbeinigen Nachkommen einer Plantage, die einmal auf Barbuda existierte, führen auf dem fast gänzlich verlassenen Eiland ein ziemlich ungestörtes Leben. Was sich auch von anderen Mitbewohnern wie Damwild, Perlhühnern und Wildschweinen sagen ließe, die sich hier friedlich in die Büsche schlagen, wenn sie nicht das bevorzugte Ziel jener Schießeisentouristen wären, die leider ab und zu die ansonsten himmlische Ruhe stören.

Barbuda, eine von Riffen umgebene Korallenplatte, ist so flach, daß sie früher häufig von Schiffen gerammt wurde, weil deren Steuermänner die Insel übersehen hatten. Auch stellten die einstigen Bewohner Irrlichter auf, um die fremden Seeleute in die schwierigen Gewässer zu locken und die gestrandeten Schiffe dann ausrauben zu können. Vor den Küsten liegen – zur Freude der Taucher – Hunderte von Wracks, von denen 115 akribisch dokumentiert sind.

Der Hauptort **Codrington** ist nach jener Familie benannt, der die Insel zwei Jahrhunderte lang gehörte. Codrington war Zuckerbaron und Gouverneur der britischen Leeward Islands mit Sitz auf Antigua. Für seine brutalen Ausbeutungsmethoden erhielt der Herrenmensch die kleine Nachbarinsel als Leihimmobilie auf Zeit. Die weiten Anbauflächen und Fischgründe wurden intensiv genutzt, und das große Antigua wurde vom kleinen Barbuda aus versorgt. Es soll hier auch einen »Stall« gegeben haben, in dem kräftige Arbeitssklaven »gezüchtet« wurden. Die hohe, sechs Kilometer lange Mauer, die die Schwarzen von den Weißen trennte, und der Überwachungsturm **Martello Tower** sind die einzigen bemerkenswerten Bauwerke.

Die unendlichen, leicht rosa eingefärbten Strände an der Südküste ziehen Schwimmer und Windsurfer gleichermaßen an. Ansonsten ist die Insel gesäumt von ausgedehnten Mangrovensümpfen und kleinen, mit Salz- oder Süßwasser gefüllten Teichen. Die **Codrington Lagoon**, die von einer zehn Kilometer langen Landzunge gegen das Meer geschützt wird, dient den riesigen Fregattvögeln als Brutplatz. Dem Beobachter bietet sich ein einmaliges Schauspiel, denn es sind Tausende gefiederte Räuber, womit sie die Anzahl der Insulaner bei weitem übertreffen. Hoch oben am Himmel segeln die schlanken Vögel dahin, deren unverwechselbare Silhouette geradezu als ein Symbol der Tropen gelten kann.

Daß diese imposanten Tiere, die immer wieder zu erstaunlichsten Flugmanövern ansetzen, sich mit ihrer enormen Spannweite von zwei Metern so elegant bewegen können, liegt unter anderem an ihrem geringen Körpergewicht von weniger als zwei Kilogramm. Die »schwarzen Piraten«, die anderen Vögeln die Beute abjagen, sind bis zu 150 Stundenkilometer schnell und sogar fähig, in Rückenlage zu fliegen und dabei den Verfolgten von unten aus mit ihrem langen Hakenschnabel zuzusetzen.

Wer von Codrington nach Osten fährt, trifft nach etwa fünf Kilometern, direkt an den **Highlands**, auf die verfallenen Reste der Plantage aus dem 18. Jahrhundert mit gutem Ausblick über den platten Rest der Insel. Nicht weit von hier liegen zwei Höhlen, **Darby Sink Cave** und **Dark Cave**, Abenteuerspielplätze für große und kleine Kinder. Zwar kommen die meisten Besucher nur für einen Tagesausflug nach Barbuda, aber für Vogelfreunde, Angler und andere Wassersportler gibt es auch ein paar Unterkünfte, darunter die Coco Point Lodge, in der nicht nur die Gäste, sondern auch die zutraulichen Leguane der Umgebung luxuriös verpflegt werden. ■

K Club Resort

MONTSERRAT – INSELINFOS

int. Vorwahl: ✆ 001-809

Die Zwerginsel, die man mit einem Grashüpfer erreicht und die ihre eigene Rückständigkeit vermarktet *»as the Caribbean used to be«*, womit man aber gottlob keinen sonderlichen Erfolg hat, ist tatsächlich ein einziges großes Dorf. Die Strände sind dunkel, die Kolonialuniformen und der Kricket-Dress dafür blendendweiß.

Inseldaten

Geschichte

1493: Wenn man Kolumbus und seinen indianischen Führern glauben darf, hatten die Kariben, die die Arawaks zuvor vertrieben hatten, die Insel, die sie *Alliouagana* (stachliger Busch) nannten, bei seinem Eintreffen schon wieder verlassen. Kolumbus benannte sie nach dem berühmten Kloster bei Barcelona. – 1632: Irische Zuwanderer, die wegen ihres katholischen Glaubens von St. Kitts fliehen mußten, besiedeln Montserrat. 1649: Cromwell schickt irische politische Gefangene. – 1651: Die ersten Sklaven werden auf die Insel gebracht, wo auf Zuckerproduktion umgestellt wird. – 1768: Auf 10 000 Schwarze kommen 2 700 Weiße. Ein Sklavenaufstand wird trotzdem blutig niedergeschlagen; Exekutionen am St. Patrick's Day. – 1783: Montserrat wird endgültig britische Kolonie, nachdem es im 17. und 18. Jh. wiederholt von den Franzosen erobert worden war. – 1946: Auswanderungswelle nach England (später USA). – 1963: Radio Antilles geht auf Sender. – 1970: Kulturboom durch Gründung von Theatern und Chören (u.a. Emerald Community Singers); die »Air Studios« locken Popstars wie Paul McCartney an. – 1989: Hurrikan »Hugo« verwüstet die Insel. – Montserrat hat den Status einer britischen Kronkolonie.

Insel in Zahlen

Montserrat ist mit 102 km² ein wenig größer als St. Thomas und liegt 50 km südwestlich von Antigua. Mit 12 000 Einwohnern – das Gros sind Afrikaner (anglikanisch oder katholisch), der Rest weiße Zuwanderer aus Nordamerika sowie ein paar indische und arabische Familien – gehört sie zu den schwach besiedelten Inseln (118/km²).

Plymouth, **Hauptstadt**, Gerichts- und Gouverneurssitz, hat 3 500 Einwohner. – Die Landwirtschaft beschränkt sich im wesentlichen auf Selbstversorgung. Der Durchschnittsinsulaner verdient monatlich weniger als 500 EC $ (knapp 200 US $). – Von den Besuchern steigt nur jeder vierte im Hotel ab, deshalb reichen die knapp 300 Hotelzimmer völlig aus, denn die Mehrzahl wohnt in Pensionen, Villen, Ferienhäusern oder Apartments. – Kredit- und Telefonkarten sind verbreitet. – Stromspannung: 220/110 Volt, Adapter ist erforderlich.

Landschaft und Klima

Die Silhouette wird von drei vulkanischen Gipfeln beherrscht, wobei der **Chances's Peak** (914 m) der höchste ist. – Eine fast konstante Temperatur von 30 °C und die Regengarantie (150 cm/Jahr) sorgen für üppiges Wachstum. Während die sanft ansteigenden Hänge von Farnen und Grasland bedeckt sind, wuchert in höheren Regionen der Urwald. Bambuswälder, Wasserfälle und Vogelkolonien sind Attraktionen für Naturfreunde. Die Nordostspitze fällt in schroffen Klippen zum Meer ab. Es gibt eine Reihe ausgearbeiteter Touren. Informationen und Begleiter vermittelt das Department of Tourism (s.u.).

Sehenswürdigkeiten

Sehenswürdigkeit Nummer eins: das Leben auf der Insel. Die Türen sind offen, die Fenster nicht vergittert.

Reisedaten

Auskunft

Montserrat Department of Tourism
c/o The West India Committee
Lomer Str. 29
22047 Hamburg
✆ (040) 695 88 46, Fax 380 00 51

Montserrat Department of Tourism
P.O. Box 7
Church Rd./Government Headquarters
Plymouth
✆ 491-2230, Fax 491-7430

Montserrat Chamber of Commerce
P.O. Box 384
Marine Dr., Plymouth
✆ 491-3640, Fax 491-4660

An- und Abreise
Man hüpft in 10 Minuten von Antigua herüber (LIAT); es gibt auch Flugverbindungen nach St.-Martin/Guadeloupe (umsteigen auf Air France). Reisepaß und Rückflugticket bereithalten. Blackburne Airport liegt 13 km von Plymouth entfernt. Die *departure tax* beträgt 20 EC $.

Einkaufen
Öffnungszeit der Geschäfte in Plymouth: Mo–Fr 8–12 und 13–16, Sa bis 12 Uhr.

Sea Island Cotton Store
Strand/ Ecke George St.
✆ 491-7009
Hemden, Kleider, Tischdecken *made in Montserrat.*

Arrow's Man Shop
Marine Dr.
✆ 491-2993
Männermode vom Megastar.

Philatelic Bureau
Südlich der Fort Ghaut Bridge
Schöne Briefmarken.

Essen und Trinken
Es gibt erstaunlich viele Restaurants. Die Küche ist westindisch mit französischen und irischen Einflüssen. Spezialitäten sind *mountain chicken* und *goat water*, ein dicker Eintopf aus Gemüse und Ziegenfleisch. Die Rechnung enthält i.d.R. 10 % Trinkgeld.

Festivals und Ereignisse
1. Januar: Kostümparade durch Plymouth
17. März: *St. Patrick's Day* (Straßenfeste mit Maskeraden, Theater und Musik)
2. Samstag im Juni: *Queen's Birthday*
1. Montag im August: Unabhängigkeitstag
2. Augustwoche: *Montserrat Pilgrimage* (jährliche Wallfahrt mit Theater, Kunst, Sport und Straßenfesten)
23. November: *Liberation Day* (Befreiungstag)
Mitte Dezember bis Neujahr: Vielzahl von Veranstaltungen mit Calypso-Wettbewerben, *Festival Queen Show, Children's Festival Competition*

Geld
Währung ist der Eastern Caribbean Dollar (2,7 EC $ = 1 US $).
Öffnungszeiten der Banken: Mo–Do 8–13, Fr 8–12 und 15–17 Uhr.

Nachtleben
Im Vue Pointe Hotel mittwochs Barbecue mit Live-Musik. Im Springs Hotel dasselbe freitags. Ansonsten auf konkrete Ankündigungen achten, z.B. wann die Disco La Cave (Evergreen Dr.) geöffnet hat.

Presse/Radio/TV
»The Montserrat Reporter« und »The Montserrat News« erscheinen wöchentlich. Montserrat ist totalverkabelt: Man bekommt Radio- und TV-Programme von St. Kitts, Antigua und den US Virgins. Radio Montserrat (92,5 FM) ist Regierungsrundfunk.

Reisen auf der Insel
Mit seinem internationalen Führerschein kann man für 30 EC $ einen lokalen Führerschein erwerben (am Flughafen oder bei

der Polizei in Plymouth). Es gibt lokale und internationale Mietwagenfirmen. Natürlich wird links gefahren. Der Taxistand ist am Clock Tower (✆ 491-2261); eine Taxitagestour kostet günstige 130 EC $, ein Trip zum Soufrière mit Warten und Zurückbringen rund 60 EC $.

Sportmöglichkeiten
Im Yacht Club in Wapping (✆ 491-2237) kann man für einen begrenzten Zeitraum Mitglied werden. Auch Hotels, z.B. das Springs, sind dabei behilflich, eine Jacht zu chartern. Der Belham River Valley Golf Course (✆ 491-5220) erstreckt sich über 40 ha. Tennisplätze haben das Vue Pointe und das Springs Hotel. Danny's Watersports (Old Rd.) verleiht Schnorchelgeräte und arrangiert Angeltrips.

Strände
Der dunkelbraune Sand ist Geschmacksache. Von **Carr's Bay** sieht man auf die Nachbarinseln, **Sugar Bay** liegt auf dem Weg zum Soufrière. **Woodlands Bay** hat ruhiges Wasser, **Emerald Isle's Bay** kann man zu Fuß vom Springs Hotel erreichen.

Unterkunft
Es gibt nur drei größere Hotels (keines über 100 Zimmer), dafür eine Menge private *guesthouses*. 10 % *service charge* und 7 % *government tax* werden normalerweise draufgeschlagen.

Wichtige Adressen und Telefonnummern

Konsulat der Bundesrepublik
Vgl. Antigua-Inselinfos.

Notarzt ✆ 999
Krankenhaus ✆ 491-2552
Polizei ✆ 491-2555
Flughafen ✆ 491-4300
Vorwahl für Deutschland ✆ 011-49

Carr's Bay, Traumstrand zum Matschen

2. **Route: Montserrat**/ Plymouth – Carr's Bay – St. George's Hill – Plymouth – Chance's Peak – Plymouth (45 km)

Vormittag

Die Inselrundfahrt beginnt in **Plymouth**, erster Halt am **Bransby Point** in der Nähe des Vogelschutzgebietes. Entlang Fox's Bay fährt man gen Norden zum Treffpunkt **Vue Pointe**. – Nach einem Abstecher zur **Carr's Bay** führt der serpentinenreiche Weg vorbei an verfallenen Plantagen und dem Flughafen hinauf zum **St. George's Hill** (Lunch). Anschließend zurück nach Plymouth.

Nachmittag

Bummel durch **Plymouth**; später Aufstieg zum **Chance's Peak** mit Ausblick auf die Soufrière Hills.

Montserrat Springs Hotel
P.O. Box 259
Richmond Hill
✆ 491-2481/2, Fax 491-4070
Kleines Hotel am Emerald Isle's Beach mit gutem Restaurant und auch sonst allem Komfort: Bar am Pool, Tennisplatz, freundlichem Personal und phantastischem Blick auf Plymouth, Insel, Meer und Berge. 10 Minuten bis zum Golfplatz. $$$/$$

Marie's Guesthouse
P.O. Box 28
Plymouth
✆ 491-2745, 491-3599
4-Zimmer-Pension in 10-Minuten-Fußweg-Entfernung von Plymouth (Kochecken im Zimmer). $

Belham Valley Hotel
P.O. Box 409
Nähe Old Towne
✆ 491-5553
Restaurant mit Terrasse: Mo–Fr 12–14 und außer So ab 18.30 Uhr
Pension im Villenviertel (Kochecken im Zimmer). 10 Minuten bis zur Old Road Bay. $$

Plymouth:

Die 3500 Köpfe zählende Gemeinde hat eine Handvoll architektonischer Kleinode vorzuweisen, wie den Plastik-*pumpkin*-Kiosk am Hafen, das **Court House** in der Ortsmitte und das viktorianische **Government House** über der Stadt (Peebles St., Garten Mo, Di, Do, Fr 10.30–12 Uhr).

Clock Tower Square
Der Turm erinnert an die Zeit, den Krieg (War Memorial) und Westminster. Dazu passend: die rote Telefonzelle.

Court House
Parliament St. (neben der Kirche)
Dient zugleich als Gericht und Inselparlament. Wenn getagt wird, wacht ein Polizist in Feiertagsuniform.

Montserrat Museum
Richmond Hill
So, Mi 14.30–17 Uhr
Heimatgeschichte im Mühlturm.

Market
Strand St. (neben dem Gefängnis)
Fr/Sa

Blue Dolphin
Parsons
✆ 491-3263
Beste Eßadresse für *mountain chicken* und *goat water*. $$

Iguana
Wapping
✆ 491-3637
Lokal in historischer Baumwollmanufaktur. $$

Emerald Cafe
Wapping (hinter dem Philatelic Bureau)
✆ 491-3821
Preiswerte lokale Küche; in einem grünen Innenhof (*mountain chicken* auf der Karte). $$

Yacht Club
Wapping, Waterfront
✆ 491-2237
Treffpunkt der Kapitänsmützen; *local fish and salad*. $$

Ida Moose's
Kinsale
✆ 491-3146
Von dieser Bar aus betrachtet, liegt Antigua schon fast in Europa. Zimmer mit Aussicht. $

Fox's Bay Bird Sanctuary
Man muß rechtzeitig zur Rush-hour da sein, wenn frühmorgens die Kuhreiher ausschwärmen oder wenn sie spätnachmittags, kurz vor Sonnenuntergang, im Formationsflug wiederkehren. Die größten Vögel im Reservat sind die Prachtfregattvögel, die sich mächtig aufplustern können.

Bransby Point Gun Battery
1640 errichtete Kanonenstellung, von der nicht viel mehr übrigblieb als die schöne Aussicht auf die Felsküste.

Old Road Bay
Für Kinder: An diesem Strand kann man sich herrlich schmutzig machen. Der dunkle, silbrig schimmernde Vulkansand ist weich und kann sehr heiß werden. Boote schippern von hier aus zur Rendezvous Bay, Montserrats einzigem weißen Strand.

The Nest
Old Road Bay
10.30–20 Uhr
Ruhige Strandtheke mit stilgerechtem *English barfood* (bis 16.30 Uhr). $

Carr's Bay
Noch eine Strandbar, nämlich Rootsman's. $

Blake's Estate Ruine
Zugewachsene Plantage, bei der das verwitterte Herrenhaus aus dem hohen Gras schaut. Von hier aus sieht man hinüber nach Antigua.

Farell's Estate
Ruinen am Fuß des Vulkans.

Fort St. George
Strategischer Punkt, 1782 von den französischen Kurzbesuchern befestigt. Heute Schafweide und Liebestreff.

Chance's Peak
Der Aufstieg dauert etwa 1 Stunde. Das Department of Tourism (siehe Inselinfos) legt Preise fest und besorgt Führer.

Galway's Estate
Mühle mit ruinierter Zuckerfabrik. Als Zugabe unendlich grüne Wiesen, ein Blick bis Plymouth und Schwefelgeruch in der Nase.

Galway's Soufrière
Der Weg zur Besichtigungsplattform des schlafenden Vulkans ist beschildert.

Im ländlichen Norden von Montserrat

Arche der Karibik
Zwischen North West Bluff und Old Fort Point

Remembrance Day, Punkt 10 Uhr morgens: Vom **Clock Tower** erklingt die vertraute Melodie des Big Ben, die Ehrenkompanie in schneeweißen Uniformjacken und mit Tropenhelm steht in Reih und Glied. Kurz darauf erscheint ein etwas wackliger älterer Herr, auf dessen Kopf rosa Straußenfedern wehen. Der Gouverneur von Montserrat, Repräsentant Ihrer Majestät in London und einziger Weißer bei dieser Zeremonie, nimmt die Parade ab. Eine schmucke Militärband spielt schmissige Melodien dazu. Nicht nur am Jubiläumstag der Weltkriegsveteranen – einer Mischung aus ernstem Gedenken und absurdem Theater – drängt sich der Eindruck auf, statt im Flugzeug mit der Zeitmaschine rückwärts nach Montserrat gereist zu sein.

Monserrat, von dem selbst seine Einwohner meinen, irgendwann werde es wohl die letzte Kolonie des British Empire sein, ist 20 Kilometer lang und fünf Kilometer breit, d.h. etwas größer als Sylt, aber mit seinen weniger als 300 Hotelzimmern lange nicht so überlaufen. Die großen Träume der Touristikindustrie gehören inzwischen der Vergangenheit an, die Schöne fiel längst wieder in den Dornröschenschlaf. Bis heute ist die birnenförmige Insel nur an ihrem äußeren Rand besiedelt. In den Tälern der Zentralberge haben Busch und Baum mittlerweile zurückerobert, was auch hier einmal Monokultur war.

Nachtschwärmer und Kulturlöwen gehen auf Montserrat leer aus – zum Entzücken aller Umweltfreunde, die es für eine Art Arche Noah der Karibik halten. Um das Mini-Eiland, das sich vor vier Millionen Jahren nach drei Vulkanausbrüchen hintereinander aus dem Meer erhob, gibt es genügend Plankton für die Fische, genügend Fische für die Vögel und reichlich Vögel für alle nackensteifen *birdwatchers*. Wer zeitig aufsteht, kann frühmorgens an der **Fox's Bay** aus gebührendem Abstand miterleben, wie sich eine tirilierende Gesellschaft auf sechs Hektar Mangrovensumpf und Moor häuslich niedergelassen hat. An diesem geschützten Landeplatz für Vielflieger haben verschiedene Reiherarten und das bedrohte Karibische Wasserhuhn Nestrechte auf Lebenszeit. Häufiger Gast in der Feuchtzone ist auch der Eisvogel oder »CraCra«, der im steilen Sturzflug untertaucht, um seine Beute aus dem Wasser zu fischen.

Eine Hütte im Grünen

Nicht weit von hier hat sich im übrigen jemand eingerichtet, der für seine Höhenflüge bekannt ist. Arrow, Montserrats Superstar der Soca-Szene, der sein Haus und einen (pfeilförmigen) Swimmingpool an Fox's Bay gebaut hat, zog den Neid vieler

karibischer Kollegen auf sich. Denn er erreichte, wovon die anderen nur träumen: den internationalen Durchbruch.

Nach einem Fünf-Minuten-Spaziergang kommt man zum **Bransby Point**, einer spitzen Klippe, auf der nicht nur einmal (zuletzt mit Zwölf-Pfund-Kugeln!) scharf geschossen wurde. Die topfartige Gestalt im Hintergrund ist **Redonda**, ein nackter Fels. Im 19. Jahrhundert wurde er von einem exzentrischen Engländer erworben, als Königreich für seinen Sohn. Später ging die Thronfolge an einen Dichter über, der andere Literaten und Literatinnen zu Grafen und Gräfinnen ernannte. Der gegenwärtige König soll irgendwo in Sussex leben. Seine Untertanen sind Salamander, Reiher und Ziegen, weshalb die Insel auch *goat island* heißt.

Auf der Fahrt nach Norden passiert man das (meist geschlossene) Montserrat Museum. Der Golfplatz an der **Old Road Bay** liegt zwischen einem Villenhügel, auf dem betuchte Amerikaner und Briten ihre Pension verzehren, und einer von zwei Nobelherbergen der Insel, dem Vue Pointe Hotel. Aber weil es in Montserrat eben anders zugeht, gibt es auch hier keinen heruntergelassenen Schlagbaum, und der Strand ist frei für jeden. Während blond- und afrogelockte Kinder mit Wonne im dunkelbraunen Vulkansand wühlen, sitzen die Erwachsenen auf einen Drink an der Freiluftbar The Nest, einer Art Reuter-Agentur der Insel, an der man abgefragt wird, aber auch Antworten erhält.

Es muß nicht am Rum liegen, wenn Sie plötzlich vom Barhocker aus einen ausgewachsenen Leguan herumschleichen oder irgendwo eine fischfressende Fledermaus hängen sehen. Vielleicht werden Sie auch

Parade am Remembrance Day, der Insel-Exzentriker vorneweg

◁ *Flotte Rhythmen von der Kolonialtruppe*

Augenzeuge eines Wettlaufs auf Leben und Tod wie der Jagd eines Barrakudas nach seinem Beutefisch, der dem Räuber dann doch noch aus der Luft von einem Fregattvogel wegschnabelt wird.

Erfahrungen mit karibischen Küstenstraßen haben Sie ja schon. Der Weg an der Westflanke der Insel entlang steht allen bisherigen Erlebnissen an Kurvenreichtum um nichts nach. Dabei war der Schaukelpfad bis in die siebziger Jahre, als das abseits gelegene Montserrat von reichen Rentnern entdeckt und daraufhin auch das Straßennetz in bescheidenem Maße ausgebaut wurde, nur halb so breit wie heute.

St. Peter's, wo die Straße nach scharfem S steil ansteigt, ist der Geburtsort einer berühmten Insulanerin. Hier kam 1905 Annie Cummings zur Welt, die später in New York als Sängerin Karriere machte – unter anderem mit ihren »German Lieders« –, darüber das ferne Montserrat aber nie vergaß. Zu einer Zeit, als dort nachts nur die Fackeln den Weg von Haus zu Haus wiesen, sorgte sie für elektrisches Licht in allen Schulen, zahlte Stipendien für schwarze Studenten und Unterhalt für mittellose Künstler.

Mrs. Cummings, eine außergewöhnliche Menschenfreundin, ist auch ein typischer Fall: Allein seit 1960 wanderte jeder dritte Insulaner aus. Jede Familie hat somit Verwandtschaft in Übersee – ein Grund, weshalb es den Daheimgebliebenen vergleichsweise gut geht. *Maroon*, wie man die gegenseitige Hilfe hier nennt, klappt auch transozeanisch.

Unser Zwischenziel **Carr's Bay** ist ein Ort am Rande, kein Märchenstrand, aber eines zweiten Blickes wert. Hier gluckert der Collins River ins Meer, das im Gegenzug bei hoher Tide den kleinen Mündungssee mit Salzwasser füllt. Ein halbes Dutzend mit Netzen beladene Nußschalen wartet darauf, ab 3 Uhr früh auf Fang auszufahren. Während an der Rootsman's Beach Bar unter der Krone eines runzeligen Feigenbaumes der rastagelockte *rootsman* selber die Kronkorken köpft, drischt die Gischt unbarmherzig gegen die schwarzen Klippen. Und wenn der alte Steinofen bullert, der hinter der Theke steht, zieht ein Geruch von frisch gebratenem Fisch über den Strand.

Die Route führt nun auf dem Bergkamm nach **St. John's** und vorbei an den überwucherten Resten von **Blake's Estate** an die rauhere Ostküste, wo man nach jedem neuen Anstieg mit einem *Vista Point* belohnt wird – Kapitänsblicken wie von der Brücke eines Dampfers. Da ist Land in Sicht: das platte Antigua im Norden, im Süden dunstverschwommen die Umrisse von Guadeloupe. Montserrats meerumschlungenes 1 000-Meter-Flugfeld unten im Tal sieht abenteuerlicher aus, als es tatsächlich ist.

Hinter **Harris** zweigt links ein Feldweg ab, über den einmal Karren mit Rumfässern rollten. Auf **Farell's Estate** wurde »Plastic« destilliert. So nannten im Zweiten Weltkrieg die GIs den Rum, den sie wie Zuckerwasser tranken und dessen Produktion die US-Army schließlich stoppte. Über die verfallenen Reste der Plantage fegen Nebelfetzen, das Gras und die Bäume haben sich längst dem Wind gebeugt – eine ruppige Landschaft, fast so wild wie ein Moor auf Irland. Könnte diese Ähnlichkeit nicht eine Rolle gespielt haben, als vor drei Jahrhunderten irische Katholiken auf ihrer Glaubensflucht gerade auf dieser feuchten Insel Zuflucht suchten? Denn hier sorgen die schroffen **Soufrière Hills** für Wind und schmuddeliges Wetter, wenn sich während der Regenzeit die dunklen Wolkenbänke am Gipfel versammeln.

Auf der Talfahrt nach Plymouth zweigt kurz vor dem Ortseingang eine Straße ab, die durch ein Seitental zum **St. George's Hill** ansteigt. In dieser geschützten Kerbe stehen ein paar alte Holzhütten, die einzigen, die den Hurrikan »Hugo« im Jahre 1989 überstanden haben. Der Wirbelsturm war der erste seit 61 Jahren und zugleich einer der furchtbarsten. Er fegte mit über 200 Stundenkilometern über die Insel. Neun von

Das einzige flache Stück Land auf Montserrat

zehn Häusern waren beschädigt, viele vollkommen zerstört. In einer einzigen Nacht entstand ein Schaden von über 250 Millionen US-Dollar, dem Fünffachen des Bruttosozialprodukts von Montserrat. Der Wiederaufbau war nur mit UN-Hilfe möglich und durch *maroon*.

Vom St. George's Hill, auf dem sich die Liebespaare auf die Füße treten, vielleicht weil es eine französische Festung ist, sieht man auch die ehemaligen »Air Studios«, wo Popgrößen wie Sting und Stevie Wonder Abonnements hatten, bis »Hugo« zuschlug.

Nach einem Lunch im Emerald Cafe könnte man den Rundgang durch **Plymouth** im Sprint erledigen, denn die zwei wichtigsten Plätze liegen kaum mehr als zweihundert Schritte auseinander. Wobei unentschieden bleibt, wo der wahre Mittelpunkt liegt: am autoritätsheischenden **Court House** in der Hauptstraße, sprich Parliament Street, oder am **Clock Tower**, um den sich alles dreht. Hier am Hafen befindet sich nämlich nicht nur der einzige Taxistand der Insel, sondern auch das Parlament der Straße mit dem Kommunikationszentrum »Pumpkin«, einem Kunststoffkiosk in Kürbisform, vor dem Abend für Abend die Männer darauf warten, daß irgendwann irgendetwas passiert.

Ein Treffpunkt der Frauen ist der Samstagsmarkt. Es ist der einzige Markt der Karibik, auf dem es keine T-Shirts gibt. Statt dessen wird auf einem Dutzend alter Holztische oder einfach auf dem Boden ausgebreitet, was man im Garten hinterm Haus geerntet hat: grüne Bananen, Melonen, Pfefferschoten und *Yam*-Wurzeln, eine Art karibische Kartoffel, die den Magen füllt und deshalb auf dem Speiseplan der kleinen Leute ganz oben steht.

Trotz dörflicher Idylle lebt man in Montserrat nicht hinterm Mond, denn hochmoderne Kanäle stellen die Verbindung mit Übersee her; allein vier einheimische Radiostationen, dazu zahllose Programme der Nachbarinseln, sind zu empfangen. Über Kabelfernsehen und voll digitalisierte Telefonverbindungen ist Liliputs Insel mit der großen weiten Welt kurzgeschlossen.

Der Versuch, eine Wall Street im kleinen aufzuziehen, war dagegen ein Schlag ins

Wasser. Obwohl man 1988 stolze 347 Banken zählte – zumeist reine Briefkastenfirmen – ist von diesen heute kaum noch eine übrig. Scotland Yard und FBI deckten Betrügereien im großen Stil auf. Als 1992 dann auch noch ruchbar wurde, daß Inselpolitiker gestohlene Limousinen auf dubiose Weise importiert hatten, geriet die heile Inselwelt ins Wanken. Wo käme man hin ohne die unerschütterliche Gewißheit, auf einer Insel der Seligen zu leben?

Im Schlaraffenland wachsen Früchte vom Baum direkt in den Mund. Die Mangos, Mammees, Papayas und Avocados müssen hier zumindest noch eigenhändig gepflückt werden. Wer satt ist, den erfreut vielleicht die Vielfalt wilder Orchideen, das Kletterwunder Bougainvillea oder ein Riesenphilodendron mit dem bezeichnenden Namen *elephant ear* (Elefantenohr). Das *oncidium*, eine gelbe Orchidee, ist jüngst zur *National Flower* befördert worden.

Einen *National Bird* gibt es auch. Es ist der gelbgefleckte Montserrater Pirol, von dem über 1 000 auf der Insel herumschwirren. Der 20 Zentimeter kleine, lautstarke Musikant verbringt seinen Tag fast nur oberhalb von 800 Metern. In solchen Höhen fühlen sich auch Falken zu Hause. Sogar Fischadler räubern gelegentlich auf Montserrat. Eine weitere Spezialität: das *mountain chicken*. Dahinter verbirgt sich kein gackerndes Berghuhn, sondern ein Riesenfrosch, der seiner langen Beine wegen im Kochtopf landet, wenn er sich nach starken Regenfällen aus der grünen Deckung wagt.

Die beliebtesten Wanderziele im unberührten Süden sind der **Chance's Peak**, die 914 Meter hohe Spitze der Soufrière Hills, und **Galway's Soufrière**, der heiße Atem eines schlafenden Vulkans. Hier klafft wie eine Schlitzwunde im Paradies ein Stück stinkende Hölle mit schwarzen Quellen und beißend gelbem Qualm. Vorsicht vor dem brodelnden Schwefelzeug, dessen zerstörerische Wirkung sich hinterher am hoffnungslosen Zustand des Schuhwerks erweisen könnte. Für feinere Nasen hat man im übrigen jüngst eine Aussichtsplattform errichtet.

Von den Schwefelquellen können Wanderlustige mit fachkundiger Begleitung weiter nach Süden in die unzugänglichsten Inselgegenden vorstoßen und etwa durch **Bamboo Forest** streifen oder unter den **Great Alp Falls** duschen. Am Fuß des Berges liegt eine Monserrater Institution, die

Sendestation von **Radio Antilles**, das, weil sein Programm von den US Virgin Islands bis nach Trinidad rund um die Uhr zu empfangen war, in der Region auch »Big A« oder »Spirit of the Caribbean« hieß. Mit 200 000 Watt war es einer der stärksten Sender der westlichen Hemisphäre, bis in der Nacht, als Hurrikan »Hugo« kam, auch hier die Verbindung riß.

Zurückgekehrt nach Plymouth, brennen an der **Sugar Bay** die Lichter am längsten. Hier kann man sich im Yacht Club ein Fischgericht genehmigen. Dazu wird Seglerlatein vom Nebentisch gratis serviert. Bei Bedarf gibt es noch einen letzten Drink am anderen Ende der Bucht, wo bei »Ida Moose's«, Montserrats einziger Man-spricht-Deutsch-Bar, noch lange die bunten Birnen brennen. ■

Die Früchte Montserrats: Markt in Plymouth

Friedrich
Constructeur
Promoteur

GUADELOUPE – INSELINFOS

int. Vorwahl: ✆ 00590

Obwohl offiziell nur eine französische »Region«, ist Guadeloupe doch ein kleiner Inselstaat für sich (etwas kleiner als das Saarland). Er macht sich nicht nur mit den US Virgin Islands den Rang der bestgemanagten Urlaubsinsel streitig, sondern ist auch neben Trinidad die einzige musikalische Großmacht. Der Drang zur Unabhängigkeit wird gebremst durch die Annehmlichkeiten, die die Zugehörigkeit zu Frankreich (und zur Europäischen Union) mit sich bringt. Für den Besucher zahlt sich das nicht zuletzt kulinarisch aus.

Inseldaten

Geschichte

Die Arawaks, die seit dem 1. Jh. auch hierher kamen, lagen, wenn sie nicht gerade Werkzeuge herstellten oder Töpfe brannten, gern auf der faulen Haut. Die friedvollen Zeiten sind vorüber, als die Kariben nachrücken und ihren Vorgängern die Frauen rauben. Die Insel nennen sie der vielen Quellen wegen *Karukera*. – 1493: In Entdeckermanier tauft Kolumbus sie jedoch nach einer spanischen Jungfrau in *Santa María de Guadelupe* um. – 1635: Es dauert anderthalb Jahrhunderte, bis sich französische Siedler sehen lassen, die auch die ersten Sklaven mitbringen. – 1674: Die Insel, inzwischen fruchtbar und produktiv, wird offiziell von König Louis XIV. annektiert und ab sofort mit »ou« geschrieben. – 1763: Nach vierjähriger britischer Besetzung tauscht Louis XV. Kanada gegen die westindischen Besitzungen. – 1782: Frankreichs Flotte wird vor Guadeloupe von den Briten vernichtend geschlagen. – 1794: Die Französische Revolution schwappt in die Karibik. Eine Koalition von weißen Kleinbauern *(Petits Blancs)* und Sklaven vertreibt die Plantokraten. Resultat: 2 000 Tote und 800(!) zerstörte Pflanzungen. Die Sklaverei wird abgeschafft. Viele Pflanzer flüchten auf andere Inseln (z.B. Trinidad); England interveniert. – 1802: Napoleon führt die Sklaverei wieder ein. – 1848: Sklavenbefreiung, danach Ankunft indischer Ersatzarbeiter. – 1940: Guadeloupe schließt sich dem Hitler-freundlichen Vichy-Regime an. Danach Blockade durch die USA. – 1946: Aus der Kolonie wird ein Département. – 1970: Die erste auf Le Raizet gelandete Düsenmaschine eröffnet das touristische Zeitalter. – 1980: Auf die Ferieninvasion antwortet Guadeloupe mit dem Export seiner Musik, dem *Zouk*, der in Frankreich die Hitparaden erobert. – 1989: Hurrikan »Hugo« macht 15 000 Menschen obdachlos.

Insel in Zahlen

Mit 1 438 km² ist Guadeloupe nach Trinidad die zweitgrößte Insel der Kleinen Antillen und Verwaltungssitz des französischen Archipels, zu dem sechs weitere Inseln gehören: La Désirade, 22 km² (10 km östl.), Marie-Galante, 158 km² (40 km südlich), Les Saintes, 13 km² (10 km südlich), Saint-Barthélémy, 25 km² (175 km nördlich) und Saint-Martin, 75 km² (200 km nordwestlich). – Von den 408 000 Einwohnern wohnen 26 000 in der **Hauptstadt Pointe-à-Pitre**. – 80 % der Insulaner sind Kreolen, 10 % Afrikaner und 10 % Inder; ferner lebt auf der Insel eine verschwindend kleine, aber einflußreiche weiße Minderheit, einheimische *Békés* und Bürokraten aus Paris. Weil fast jeder dritte Insulaner arbeitslos ist, wandern viele nach Frankreich aus. – Man spricht französisch bzw. *Patois*, stellt sich aber auch bei Englisch nicht taub. – Neben dem subventionierten Bananenanbau, der dahinsiechenden Zukkerindustrie und dem Handwerk (20 % der Erwerbstätigen) ist der Tourismus längst zum dominierenden Gewerbe geworden. Mehr als drei Viertel der Besucher kommen aus dem Mutterland, der Rest aus Europa und USA (fast alle buchen im Hotel). – Stromspannung 220 Volt, französische Stecker.

◁ *Unterwegs in Pointe-à-Pitre, Guadeloupes Hauptstadt*

Landschaft und Klima

Mit den vorgelagerten Inseln La Désirade, Marie-Galante und Les Saintes bildet Guadeloupe ein kleines Archipel, bietet aber auch selbst eine Vielfalt, die ihresgleichen sucht: Auf den Inselhälften **Grande-Terre** und **Basse-Terre** kann man prototypisch den Unterschied zwischen flacher, regenarmer Kalkplatte und feuchtem, fruchtbaren Vulkangebirge erleben. Die starken Unterschiede sorgen für eine Vielzahl von Kleinklimata auf engstem Raum und großen Kontrasten, am schärfsten zwischen den rauhen Winden an der Nordspitze (Pointe de la Grande Vigie) und dem schwülen Dunstkreis des Vulkans La Soufrière im Süden. Ein Viertel der Insel ist von Wald mit bis zu 40 m hohen Bäumen bedeckt; das größte Gebiet liegt auf der Westhälfte Basse-Terre (Parc Naturel).

Ein Markenzeichen von Guadeloupe sind die feuerrot blühenden Flamboyant-Bäume. An einigen Flußmündungen wachsen Mangrovensümpfe ins Meer. Weite Küstenstrecken werden von Korallenriffen abgeschirmt. – Das Klima ist tropisch, die Temperaturen schwanken nach Ort und Jahreszeit zwischen 23 und 31 °C. Am wärmsten und feuchtesten ist es im »Winter«, von Juni bis November, dann wird auch der sonst ständig wehende und kühlende Passatwind schwächer. Es wird zeitig (5–6 Uhr) hell und früh dunkel (18–19 Uhr).

Von der Traversée im Parc Naturel aus gibt es insgesamt 300 km unterschiedlich lange und schwierige, aber durchweg gut markierte Wanderwege durch den Nationalpark (Informationen beim Maison de la Forêt oder Bureau de Tourisme, wo man auch Wanderkarten erhält und das Kontakte zu Wanderführern vermittelt).

Sehenswürdigkeiten

Auf dieser abwechslungsreichen Insel sollte keine Langeweile aufkommen. Wenn Sie die Naturschönheiten genossen haben und in den verschiedenen Naturparks (Zoo, Parc Floral, Aquarium) schon gewesen sind, schauen Sie sich die zahlreichen Museen (vor allem in Pointe-à-Pitre), die Kolonialarchitektur (z.B. in Basse-Terre) sowie Festungen und Kirchen an, oder machen Sie Ausflüge in die amerindische Vergangenheit (Parc Archéologique in Trois-Rivières und Museum bei Le Moule).

Puppen als Souvenir

Reisedaten

Auskunft

Fremdenverkehrsbüro von Guadeloupe
Bethmannstr. 58
60311 Frankfurt/Main
✆ (069) 28 33 15, Fax 28 75 44

Office du Tourisme de la Guadeloupe
5, square de la Banque, B.P. 1099
97110 Pointe-à-Pitre
✆ 82 09 30, Fax 83 89 22

Office du Tourisme de Basse-Terre
Maison du Port, Cours Nolivos
97100 Basse-Terre
✆ 81 24 83

An- und Abreise

Auf dem Flughafen Le Raizet (nur 3 km von Pointe-à-Pitre) spucken die Jumbo-Jets ihre sonnenhungrige Fracht aus. Guadeloupe ist

Start zur »Tour de la Guadeloupe«

auch gut ins innerkaribische Flugnetz (LIAT, Air Guadeloupe, Air Martinique) eingebunden. Guadeloupe unterhält als eine der wenigen Inseln tägliche Fährverbindungen zu den Nachbarn Les Saintes, La Désirade sowie Marie-Galante und regelmäßige Verbindungen mit St.-Martin und St.-Barthélémy (Abfahrt La Darse; siehe Les Saintes-Inselinfos).

Einkaufen

In den Haupteinkaufsstraßen von Pointe-à-Pitre Rue Frébault, Rue de Nozière, Rue Schoelcher gibt es ein breites französisches Angebot und zusätzlich das Flair der karibischen Märkte (siehe 3./4. Route). Als Mitbringsel bieten sich an: traditionelle karierte Madrasstoffe und guter *Rhum agricole*. In der **Domaine de Valombreuse** (nahe Petit Bourg, ✆ 95 50 50) werden tropische Blumen zum Mitnehmen flugzeuggerecht spezialverpackt.

Essen und Trinken

Das große Plus: Jeder klitzekleine Ort hat ein akzeptables Restaurant (Verzeichnisse beim Bureau de Tourisme, Empfehlungen bei den Routeninformationen).

Die Küche vereinigt französische Kochkunst mit kreolischen, afrikanischen und indischen Einflüssen; Spezialitäten sind: *accra* – in Teig gebackener Stockfisch, *ouassous* – Krebse, *blaff* – gekochter Fisch oder gekochte Schalentiere, *Colombo de cabri* – Ragout vom Zicklein in Currysoße, *callaloo* und bei den Getränken natürlich *Planter's Punch* – alter Rum mit Fruchtsaft oder *Ti-Punch* – weißer Rum mit Zuckersirup.

Festivals und Ereignisse

1. Sonntag im Januar: Beginn der Karnevalsaison, die Aschermittwoch mit der Verbrennung des *Vaval*, des Karnevalskönigs, endet.
27. Mai: Gedenktag zur Abschaffung der Sklaverei

21. Juli: Feiertag zu Ehren von Victor Schoelcher
Ende Juli/Anfang August: *Festival de l'Artisanat d'Art* (Kunst- und Kulturfestival, alle zwei Jahre)
August: *Tour Cycliste de la Guadeloupe* (Radrennen); am St.-Lorenz-Tag, dem Schutzpatron von Guadeloupe, *Fête des Cuisinières* in Pointe-à-Pitre (Festessen der Köchinnen mit Umzug in kreolischer Tracht)
November: Fest der heiligen Cécile, Fest der Musikanten (Orchester- und Musikfestival)

Geld
Währungseinheit ist der französische Franc; Kreditkarten sind recht verbreitet; Hotels akzeptieren auch Euroschecks. Die Banken haben Mo–Fr 8–12 und 14–16 Uhr geöffnet.

Nachtleben
Findet vor allem da statt, wo die Touristen sind. Im kostenlosen Magazin »Living in G.« werden Veranstaltungen angekündigt. Die reiche Musikszene der Insel präsentiert sich vorwiegend in den Hotelbars. Für Discogänger: das **L'Elysée Matignon** (Bas du Fort) und das **New Land** (Gosier). Für Spielernaturen:
Casino de Gosier-les-Bains (Pointe de la Verdure, ✆ 84 18 33, ab 21 Uhr, außer So) und **Casino de Saint-François** (Route du Méridien, ✆ 88 41 31, ab 21 Uhr, außer Mo).

Presse/Radio/TV
Die »France-Antilles« ist die meistgelesene Tageszeitung, daneben gibt es noch Lokalblätter wie »7 Mag«, »Banana Split« oder »Lendépandans«. Das Radio liefert Reggae und Zouk auf den Wellen 90.6 und 96 FM; im Radio Tanbou spricht man kreolisch. Es gibt 2 TV-Kanäle, einer mit Regionalprogramm, der andere mit französischen Sendungen.

Reisen auf der Insel
Das Straßennetz ist sehr gut ausgebaut, der Fahrstil lebensgefährlich. Neben internationalen Mietwagenfirmen gibt es auch etwas günstigere lokale Autoverleihe, z.B.:

Karukéra Car
Am Flughafen (Kontakt Jocelyne SEYMOUR), ✆ 83 01 20, Extra: 15 % Rabatt für Leute mit diesem Reiseführer.
Busse (oft alte Benz) fahren recht pünktlich von 5–18 Uhr (Haltestelle in Pointe-à-Pitre am Hafen La Darse), ein- und aussteigen kann man überall. Taxis sind nicht billig; manche haben sogar ein Taxameter (nachts doppelter Preis).

Sportmöglichkeiten
Die Insel tobte, als José-Marie Gerec 1992 Weltmeisterin im 400-m-Lauf wurde. Aber die wahre Leidenschaft der Insulaner ist das Radrennfahren (Tour de la Guadeloupe im August). Das Wassersport-Angebot über und unter dem Meeresspiegel ist allumfassend, die Bedingungen sind ideal (Informationen über einzelne Anbieter durchs Fremdenverkehrsamt oder die Hotels).

Strände
Daß die Deutschen andere Inseln bevorzugen, kann nicht an der Qualität der Strände liegen. Rund um Grande- und Basse-Terre reiht sich ein Badeparadies an das andere – und jedes ist ausgeschildert! Als herausragend gilt der puderweiße Sand von Sainte-Anne und der Endlosstrand östlich von St.-François. Es gibt FKK-Strände (Plage Tarare). Am Petit Havre geht es ebenso ruhig zu wie am La Grande Anse bei Deshaies.

Unterkunft
Es gibt eine breite Palette, darunter aber auch viele Bettenburgen. Die Relais-Créole-Hotels sind ein Club, in dem sich kleinere Privathotels zusammengeschlossen haben. (Hotelempfehlungen finden Sie bei den Informationen zur 3. und 4. Route.)

Wichtige Telefonnummern
Polizei ✆ 87 50 04
Ambulanz ✆ 87 86 25, nach 18 Uhr ✆ 87 86 15
Vorwahl für Deutschland ✆ 19 49

Frauen in kreolischer Tracht beim Fest der Köchinnen ▷

3. Route: Guadeloupe/ Pointe-à-Pitre – Basse-Terre – Soufrière und zurück (100 km)

Vormittag

Von Pointe-à-Pitre fährt man doppelspurig auf der N 1 (Richtung Basse-Terre) nach Petit-Bourg. (Von dort aus – Abzweigung nach Cabout vor dem Ortseingang – sind es nur ein paar Kilometer zum **Parc Floral**.) – Auf der Bananenpiste nach Süden erreicht man Capesterre, nach 3 km zweigt bei St.-Sauveur rechts die Straße zu den **Chutes du Carbet** ab. Auf der N 1 weiter Richtung Süden; außerhalb von **Trois-Rivières** liegt der **Parc Archéologique**; zurück zur N 1 nach **Basse-Terre**.

Nachmittag

Nach einem Rundgang windet sich die Straße (evtl. mit einem Abstecher nach **Matouba**) vorbei am **Vulkanmuseum** zum **Soufrière** hinauf; vom Parkplatz geht es nur noch zu Fuß weiter – Rückfahrt nach Pointe-à-Pitre.

3. Route: **Guadeloupe**/ Pointe-à-Pitre – Basse-Terre – Soufrière und zurück (100 km)

Einen Stadtplan von Pointe-à-Pitre finden Sie S. 84.

Plan: Parc Floral, Wasserfälle, Parc Archéologique, Basse-Terre und Soufrière können nicht an einem einzigen Tag bewältigt werden, man muß sich für drei Ziele entscheiden.

3. Route – Informationen: Guadeloupe

Vorwahl: ✆ 590

Touring Hôtel Club de Fort Royal
Pointe du Petit Bas-Vent
97127 Deshaies
✆ 25 50 00, Fax 25 50 01
Ex-Club-Med direkt am Strand gelegen; mit 76 Bungalows, Tennisplatz, großer Bar, Restaurant und Pool die einzige Nobelherberge an diesem schönen Inselende; man spricht englisch. $$$$

Tropical Club Hotel
Plage de l'Autre Bord
Le Moule
✆ 93 97 97, Fax 93 97 00
Familienhotel mit lockerer Atmosphäre und Zugang zum beliebtesten Strand von Le Moule. $$$

La Créole Beach
Pointe de la Verdure, B.P. 19
97190 Le Gosier
✆ 90 46 46, 90 46 66
Weitläufige Anlage mit Rundumbetreuung, eigenem Strand, Babysitting-Service, Kinderermäßigungen (z.B. bis 12 Jahre umsonst) und (fast) täglich Abendshow. $$$$

Le Relais du Moulin
Vgl. Infos 4. Route.

97110 Pointe-à-Pitre:

Mit über 100 000 Einwohnern (neben Port of Spain und Fort-de-France) eine der drei Großstädte der Kleinen Antillen. Trotz ihrer urbanen Ausschweifungen eine charmante Frankokaribin.

Office du Tourisme
5, Square de la Banque/Place de la Victoire
✆ 82 09 30, Fax 83 89 22
Selbst sehenswürdig.

Place de la Victoire
Verkehrsangelpunkt (Bushaltestelle, Parkplatz, Kai), öffentlicher Laufsteg und historischer Boden.

Le Petit Breton
Place de la Victoire
✆ 28 09 82
Snacks wie bei Muttern. $

Le Sextant
La Marina
✆ 90 92 22
Kreolische Küche am Jachthafen. $$

Weitere Informationen zu Pointe-à-Pitre finden Sie S. 83 f.

Petit-Bourg
Nicht nur die Aussicht von der adretten Kleinstadt auf Pointe-à-Pitre lohnt den Stopp, sondern auch ein Spaziergang an der langgestreckten Promenade zum Rathausplatz.

Auberge de la Distillerie
Route de Versailles
97170 Petit-Bourg

Blütenpracht auf Guadeloupe

✆ 94 25 91, Fax 91 11 91
Restaurant Mo–Sa 12–15 und 19–22, So 12–15 Uhr
Kleine Anlage mit 12 Zimmern und 4 Bungalows in 250 m Höhe mit herrlicher Aussicht auf die Berge. Im Restaurant Delikatessen zu verschmerzbaren Preisen. $$/$$$

Parc Floral/Domaine de Valombreuse
Cabout/ 97170 Petit-Bourg
✆ 95 50 50
Tägl. 9–17 Uhr
Botanik repräsentativ: Garten, in dem man sich zwischen rotgelben Hummerzangen, Flamingoblüten und Engelstrompeten verlaufen kann. Neben dem Restaurant ($$) in der äußersten Parkecke plätschert ein Bach.

Capesterre-Belle-Eau
Fremde fahren gewöhnlich durch. Deshalb drei Gründe, einmal anzuhalten: Im Haus »Bois Debout« lebte der Literatur-Nobelpreisträger St. John Perse (siehe 5. Route), in den Geschäften der Hauptstraße wimmelt es von Menschen, und am Ortsausgang bietet ein still vor sich hin rostendes Fabrikmonstrum Stoff für Spätromantiker.

L'Allée Dumanoir
Die Königspalmen stammen aus Kuba, sie wurden im 19. Jh. angepflanzt. Ihre Stämme können so hoch wie ein 10stöckiges Haus werden, und die Blätter sind fast so groß wie ein Fußballtor.

Chutes du Carbet
Drei Wasserfälle am Fuß des Vulkans La Soufrière. Dorthin führt von St.-Sauveur ein kurvenreicher, 20 Minuten steil ansteigender Weg, der beschildert ist.

Parc Archéologique des Roches Gravées
Trois-Rivières
✆ 92 91 88
Tägl. 9–17 Uhr
Als die Arawak-Indianer ihre Zeichen in den Fels ritzten, lagen die Germanen noch auf der Bärenhaut. Am Eingang erhält man einen Wegeplan.

97100 Basse-Terre:

Eine der ältesten Städte der Westindischen Inseln (20 000 Einwohner). Sitz des Präfekten und des Bischofs. Die Kathedrale aus dem 17. Jh. hat Hurrikane und Vulkanausbrüche überlebt. Im Hafen machen die Kräne zwar noch manchen großen Schwenk, aber die Container-Ära hat der alte Bananenkai verpaßt. Auf dem Weg zum Vulkan kommt man durch den Nobelvorort St.-Claude.

Office du Tourisme
Maison du Port
✆ 81 24 83

Fort Delgrès
✆ 81 37 48
Tägl. 8–16 Uhr
Massiver Trutzbau aus dem 17. und 18. Jh., an dessen Mauern Blut klebt. Hier kämpften Franzosen gegen Engländer, Schwarze gegen Weiße und Royalisten gegen Revolutionäre.

Chez Paul
Matouba
✆ 80 29 20
Gemütlich, kreolisch, indisch. $$

Maison du Volcan
Route de la Soufrière
Tägl. 10–18 Uhr
Explosive Informationen über den karibischen Vulkanismus und den Ausbruch des Soufrière im Jahr 1976.

La Soufrière
1 467 m hoher Vulkan mit 400 m Kraterdurchmesser. Das Rauf-und-Runter – vom obersten Parkplatz aus – dauert länger, als man denkt (3–4 Std.). Der komfortabelste Aufstieg beginnt an der linken Parkplatzecke und führt um den Berg herum von der Sonne in den Dunst. Am Nordhang wird es schlagartig kalt und schnupfenträchtig naß (eine Regenjacke schützt, Pullover saugen sich nur voll). Während man anfangs über die Auswürfe der letzten Eruption stolpert, schimmert in den großen Spalten ursprüngliche Vegetation (Moose, Flechten). Schließlich gelangt man über einen steilen Zickzackpfad, von Fels zu Fels springend, auf den Gipfel, ein Dorado für Freunde der Flora und der Mystik.

Relais de la Grande Soufrière
97120 St.-Claude
✆ und Fax 80 01 27
20-Zimmer-Hotel mit kolonialem Ambiente. $$$/$$–$$$

Le Grand'Anse Hôtel
Trois-Rivières
✆ 92 93 69, 92 90 47
Die 16 Bungalows befinden sich 1 km vom Strand; das Restaurant gilt als Gourmet-Treff. $$$/$$$

Ex-Hauptstadt: Rathaus in Basse-Terre

3 Insel des schönen Wassers
Basse-Terre und der Vulkan Soufrière

Die Schaubühne von **Pointe-à-Pitre** ist der **Place de la Victoire**. Auf welchen Sieg hier angespielt wird, wer will das schon wissen? Nehmen wir an, es sei der Triumph des Savoir-vivre, denn diese Kunst kann man rund um das schönste Karree der Karibik täglich beobachten. In den kleinen Bars und Bistros sitzen schon morgens die Zeitungsleser, während Bonvivants über den Kaffeetassenrand hinweg die hübschesten Passantinnen erblinzeln. An drei Seiten des Platzes stehen noch vereinzelt alte Handelshäuser, dazu ein Art-déco-Kino und Kolonialämter wie die protzige Préfecture. Die Seeseite ist offen. Hier warten die PS-starken Fähren auf Inselpendler und Tagesausflügler.

Man meint, in Frankreichs südlichster Kleinstadt zu sein. Vor der blendendweißen Fassade des Office du Tourisme erinnert ein Kriegerdenkmal an die Opfer Guadeloupes in den beiden Weltkriegen. Um die Parallele komplett zu machen: Auf diesem sonnigen Platz stand auch eine berühmte französische Erfindung, die Guillotine. Als die Revolutionäre nach ihrem Sieg im Jahre 1802 hier das Fallbeil in Gang setzten, rollten über 800 Köpfe der *Grands Blancs* (Großgrundbesitzer). Die weißen Pflanzer hatten gegen den Aufstand der Schwarzen ausgerechnet den Erzfeind England zu Hilfe gerufen. Der kommandierende Revolutionskommissar Hugues ließ damals im Überschwang des Sieges jene Königspalmen anpflanzen, die den Platz nun wie Giraffen überschauen. Die Euphorie währte nur kurz. Napoleon ließ das alte Sklavensystem wenig später durch ein kaiserliches Dekret wiederherstellen.

Längst sind auch in Guadeloupe zivilisierte Zeiten angebrochen. Auf der *Route Nationale 1*, der N 1, Teil des einzigen Stadtautobahnrings der Karibik, gilt in puncto Fahrstil zwar das Gesetz des Dschungels, aber die Umgebung ist Mitteleuropäern ziemlich vertraut. Einfallslose Vorstadtwohnblocks und flächenfressende Gewerbezonen sind Randerscheinungen einer ungezügelten Urbanität. Vierspurig geht es durch den Mangrovensumpf, der die feuchte Brücke zwischen Basse-Terre und Grande-Terre bildet, den beiden grundverschiedenen Seiten der Doppelinsel.

Abkühlung im Rivière de la Pleine

Basse-Terre, Guadeloupes urwüchsigen Teil, hält mancher auch für die bessere Hälfte. Die erste Provinzschönheit, die Ihnen begegnet, heißt **Petit-Bourg**. Die Kleinstadt hat sich fein herausgeputzt, obwohl Fremde sich kaum einmal hierher verirren. Kirche und Rathaus haben gerade einen frischen rosaroten Anstrich bekommen. Weil Guadeloupe zu Frankreich gehört, profitiert man direkt von dessen Wohlstand. Die französische Karibik wird von Paris als »Schaufenster« der *Grande Nation* betrachtet.

Man fragt sich, ob aus diesem Grund auch Bäckereien subventioniert werden. Auf Guadeloupe ist es jedenfalls selbst im kleinsten Ort kein Problem, frische Baguettes, Croissants oder gefüllte Liebesknochen zu bekommen – eine angenehme Begleiterscheinung für den hungrigen Reisenden. Man kann es aber auch so sehen wie der engagierte Négritude-Dichter Aimé Césaire: »Die französischen Antillen haben für einen vollen Bauch ihre Seele verkauft.«

Wenn man Petit-Bourg schon fast passiert hat und die Straße in einer scharfen Kurve stark ansteigt, lohnt sich noch ein kurzer Halt auf dem verbreiterten Seitenstreifen und ein Blick auf die Bucht **Petit-Cul-de-Sac Marin** vor der zerfransten Silhouette von Pointe-à-Pitre. Die Ostküste von Basse-Terre hat einen Korallenbesatz. Vorgelagerte Riffe brechen die Wellen und machen das Baden sicher.

Ein paar Kilometer weiter erscheint im Hintergrund eine Gestalt, die ihr Haupt meist verhüllt: **La Soufrière**; Guadeloupes höchster Berg und aktivster Wettermacher trägt 364 Tage im Jahr eine dichte Wolkenhaube.

Zwischen **Goyave** und **Bananier** wird der Weg zur Bananenstraße. Daß hier Agrarpolitik im Spiel ist, zeigen die zahlreichen Schilder, die auf EG-geförderte Projekte hinweisen. Wirtschaftlich gesehen liegen diese Plantagen mitten in Europa. Alles Banane? Auf Guadeloupe lag das durchschnittliche Pro-Kopf-Monatseinkommen Ende der achtziger Jahre bei etwa 300 US-Dollar. Dafür müssen die Menschen auf der Nachbarinsel Dominica fast ein ganzes Jahr schuften. Auch das soziale Netz ist auf den französischen Antillen recht eng geknüpft. Dies sorgt trotz hoher Arbeitslosigkeit für eine entspannte Atmosphäre. Die Häuser haben keine Gitter vor den Fenstern, und junge Männer sind nicht darauf angewiesen, sich den Fremden anzudienen.

Capesterre-Belle-Eau empfängt seine Besucher mit einem Feuerwerk aus Flamboyantblüten, die den Sommer lang ampelrot leuchten, und entläßt sie durch die **L'Allée Dumanoir**, ein über hundertjähriges Spalier kerzengerader Königspalmen. Die Allee wurde nach einem längst vergessenen Dichter benannt, der einst »Onkel Toms Hütte«, den erfolgreichsten Sklavenroman aller Zeiten, ins Französische übersetzte. Nur einen knappen Kilometer weiter macht man die erste Bekanntschaft mit den Kräften des Vulkans, der hier gewaltig aus seinen steinernen Poren schwitzt.

Die Wasserfälle **Chutes du Carbet** sind die größten und eindrucksvollsten der gesamten Antillen. In mehreren Sprüngen stürzt der Fluß Grand Carbet tosend in die Tiefe, insgesamt weit über 200 Meter. Die mittlere Stufe ist mit 125 Metern die höchste und, wie es der glückliche Zufall will, auch die am leichtesten zugängliche. Spätestens hier wird gebirgswasserklar, warum die Indianer ihre Insel nur *Karukera* nennen konnten, die »Insel des schönen Wassers«.

Das Rauschen noch in den Ohren, gewinnt man langsam an Höhe. Unten liegen wie in einem botanischen Garten **Trois-Rivières** und der **Parc Archéologique**. Dort ist zu besichtigen, was die Ur-Kariben einst in den Fels ritzten. Die Straße schwingt sich in weiten Kurven über die Südspitze von Basse-Terre. Bergkegel verschieben sich gegeneinander wie bei einem Bühnenbild. Im Hintergrund dieser theatralischen Naturkulisse liegt die Inselkette Les Saintes.

Place de la Victoire in Pointe-à-Pitre

Es folgt die lange Talfahrt hinunter nach **Basse-Terre**, Verwaltungssitz dieser Inselhälfte und eine der ältesten Städte der Karibik. Die Gassen sind schmal, und von den Häuserfronten blättert der Anstrich. Guadeloupes abgedankte Hauptstadt hat den Zug der Zeit verpaßt, aber den Charme von vorgestern bewahrt. Auf der Hauptstraße, durch die sich Mensch und Blech wie durch einen zu engen Flur schieben, tragen die Frauen bunte Sonnenschirme. Auf dem Markt fällt noch jeder einzelne Fremde auf.

Das **Fort Delgrès** über der Stadt sieht beeindruckend aus, war aber militärisch eine Fehlkonstruktion, ideal als Zielscheibe für die feindliche Schiffsartillerie. Auch im Krieg der Schwarzen gegen die Weißen erwies es sich als untauglich. Der schwarze Leutnant Delgrès, letzter Anführer der Revolutionäre, der sich in der Bastion gegen Bonapartes Truppen zehn Tage lang verschanzte, floh schließlich mit 300 Gefolgsleuten nach Matouba in die Berge. Angesichts der anrückenden Regierungstruppen sprengte sich das letzte Häuflein schließlich selbst in die Luft.

In **Matouba**, einem Siedlungszentrum von Guadeloupes kleiner indischer Minderheit, wird das Mineralwasser gleichen Namens hergestellt. Es fehlt auf keinem Eßtisch, auch nicht im Restaurant **Chez Paul**. Das oberhalb des Ortes gelegene Lokal ist ein Mittagstreff der Einheimischen und der ideale Ort, um sich für große Taten zu stärken. 100 Meter hinter dem Restaurant führt ein schmaler Fußweg in den Wald. Hier liegt ein kleines Naturschwimmbad, in dem Kinder planschen. Aber auch Erwachsene können sich in den Stromschnellen des leicht eisenhaltigen **Rivière Rouge**, in dem die Steine rötlich rosten, vor dem kommenden Aufstieg erfrischen.

Auf dem Parkplatz am Fuß des **Soufrière** wird ein luftiges Drama geboten: Wolken-

Bezopfter Kopf im Afrostil

fetzen jagen über die Hänge, werfen Schatten und verschwinden ebenso unerwartet wie sie auftauchten. Der Wind reißt für kurze Momente den Schleier für ein grandioses Panorama auf, um ihn gleich darauf um so dichter wieder zuzuziehen – ein Stück mit schnellem Szenenwechsel. Aber die furiose Schlußpointe folgt noch.

Wer den zweistündigen Aufstieg über Moos und Stein auf sich nimmt, erlebt einen drastischen Wettersturz. Wer glaubt schon, wenn er beim Losgehen noch die strahlende tropische Sonne im Rücken hat, daß ihm bald ein naßkalter Sturm ins Gesicht blasen wird? Am Nordhang pfeifen rauhe Winde, und auf dem Gipfel herrschen dann nur noch Nebel und Regen. Der Boden hat sich mit Wasser vollgesogen, Felsspalten schimmern in nie gesehenen Gelb-Grün-Braun-Rot-Schattierungen. Am Vulkanrand befindet man sich in einer flüchtigen Urlandschaft, die um so mystischer wirkt, weil sie sich nur schemenhaft zu erkennen gibt.

Hinter der schaurigen Schönheit der Landschaft lauert das reale Grauen. Keine Angst, die untergründigen Aktivitäten des Vulkans werden ständig registriert. 1976, als er zum letzten Mal Feuer spie, starben 2 000 Menschen, und die Stadt Basse-Terre unten im Tal mußte fast für ein halbes Jahr evakuiert werden. Viele der ehemaligen Einwohner sind danach gar nicht mehr an diesen unheimlichen Ort zurückgekehrt.

Nach dem Abstieg ist der untrainierte Tourist genau in der Verfassung, um einen entscheidenden Vorzug von Guadeloupe richtig auszukosten zu können: die gut gemischten Speisekarten. Hier braucht niemand lange nach einer guten Küche zu suchen, selbst auf der rustikalen Seite der Insel. Spezialität ist eine *Cuisine Créole* mit stark französischem Akzent.

Berg der Berge: La Soufrière

Auf der Heimfahrt finden sich genügend lukullische Stationen am Weg: angefangen mit **St.-Claude**, einer reichen Vorstadt von Basse-Terre, noch halb am Vulkan gelegen (Hôtel Relais de la Grande Soufrière), über die Spitzenlage von Trois-Rivières (Le Grand'Anse Hôtel) bis zum beschaulichen Petit-Bourg (Auberge de la Distillerie).

Aber vielleicht wollen Sie den Abend auch unter den raschelnden Palmen der Place de la Victoire in Pointe-à-Pitre beschließen. Auf dessen Pflaster geben abends manchmal lokale Bands ihr Bestes. Im Bürgersteigcafé »Le Petit Breton« können Sie zuhören und dabei im Auge behalten, wie die Stadt »Gute Nacht« sagt. ■

4. Route: **Guadeloupe**/ Pointe-à-Pitre – Route Traversée – Le Gosier – Pointe des Châteaux – Pointe-à-Pitre (100 km)

Vormittag — Auf der N 1 Richtung Basse-Terre und bei Versailles auf die Route Traversée und in den **Parc Naturel**. Dem Hinweisschild zur Cascade aux Ecrevisses folgen, vom Parkplatz aus 10 Minuten Fußweg dorthin. – Auf der Route Traversée erreicht man nach 2 km man den **Tropical Parc**; einen weiterer Stopp ist beim **Zoo** möglich. – Bei **Mahaut** mündet die Traversée in die N 2, rechts Richtung Norden abbiegen. Halt am **Maison des Bois**. – Über **Deshaies** nach **Sainte-Rose**, dahinter rechts zum **Musée de Rhum**. Anschließend nach **Le Gosier**

Nachmittag — Von Gosier auf der N 4 Richtung Osten über Sainte-Anne und St.-François zum **Pointe des Châteaux**. Auf dem Rückweg nach Pointe-à-Pitre evtl. unterwegs zu Abend essen.

Plan: Ein ruhiger Tag mit vielen Waldspaziergängen und Möglichkeiten, unterzutauchen.

Parc National
Office National des Fôrets
97100 Basse-Terre
✆ 80 24 25, Fax 80 05 46
Der Naturpark wurde Anfang der siebziger Jahre eingerichtet (seit 1989 Nationalpark). Seine Ausdehnung von 180 km² ist mit der Größe deutscher Naturparks vergleichbar. Bei aller Schönheit der Landschaft kann nicht übersehen werden, daß Guadeloupes Tierwelt in der Defensive ist. Tierfreunde behaupten, man könne hier mehr Patronenhülsen als Vögel finden. Auch mit dem Versprühen von Insektiziden ist man nicht zimperlich.

Cascade aux Écrevisses
Nasse Tatsachen: Nach einem etwa 10minütigen Spaziergang am Ufer des Rivière Corossol gelangt man zur Cascade aux Écrevisses, der Flußkrebs-Kaskade. Wertsachen im Auge behalten.

Bras David Tropical Parc
Tägl. 8–17 Uhr
Auf halber Traversée-Strecke kann man tropische Spaziergänge unternehmen und dabei noch etwas lernen. Im **Maison de la Forêt** hängen Bilder, Tafeln und Texte in Französisch.

Parc Zoologique et Botanique
Route de la Traversée
97125 Boillante
✆ 98 83 52
Tägl. 9–16.50 Uhr
Der Minizoo liegt mitten im Wald (450 m hoch). Die Säuger auf der Insel sind klein, manche Insekten dagegen riesig, wie z.B. der 30 cm lange Herkules-Käfer. Liebling der Kinder ist der Waschbär. In dem nach ihm benannten Restaurant **Le Ti-Racoon** (außer Mo mittags geöffnet) kann man zwischen vielen *Punch*-Sorten wählen.

Réserve Cousteau
Plage Malendure
Der einzige Unterwasserpark Frankreichs (3 km²). Im submarinen Naturschutzgebiet darf nur traditionell gefischt werden. Achtung! Tauchschulen und Glasbodenbootbesitzer auf Kundenfang.

Le Rocher de Malendure
Malendure-Pigeon
✆ 98 70 84
Meeresschnecken und Meeresblick. $$

Maison du Bois
Pointe-Noire, Ortseingang
✆ 98 17 09
Tägl. 8.30–16 Uhr
Vor der Tür steht ein Wäldchen mit 30 tropischen Baumarten, die vor der Säge sicher sind, drinnen Tischlergerät und schwere Möbel für die gute Stube. In einer Werkstatt wird vorgeführt, wie man mit Hobel, Lack und Leim umgeht.

Le Karacoli
Grande Anse, Deshaies
✆ 28 41 17
Mittags geöffnet
Preisgekrönter Küchenchef, seine Spezialität: Trompetenschnecken. $$$

Touring Hôtel Club de Fort Royal
Pointe du Petit Bas-Vent
97126 Deshaies
✆ 25 50 00, Fax 25 50 01
Restaurant und Bar am Strand. Tauch- und Schnorchelschule nebenan. $$/$$$

Sainte-Rose
Unentdeckte Blume an der Nordküste: Fischereihafen, von Mangroveninseln umlagert.

Chez Clara
Bord de Mer
Sainte-Rose
✆ 28 72 99
Man trifft sich bei der *danseuse* Clara (reservieren lassen). $$$

Musée du Rhum
Distillerie Reimonenq
Bellevue, nahe Sainte-Rose (ausgeschildert)

✆ 28 70 04
Mo–Sa 9–17, So 10–13 und 15–17 Uhr
Fotos, Fässer, Destillierkolben.

97190 Le Gosier:

Guadeloupes Monte Carlo: Urlaubskasernen auf einem zugeschütteten Mangrovensumpf und das größte Angebot an Eß- und Spieltischen, Theken und Tanzflächen. Auf der Insel, auf der der Leuchtturm steht, sonnen sich FKKler.

Fort Fleur d'Épée
Bas du Fort
✆ 91 94 61
Tägl. 9–18 Uhr
Reste einer ehemaligen Festung.

Aquarium de la Guadeloupe
Place Créole, Bas du Fort
✆ 90 92 38
Tägl. 9–19 Uhr
Ohne Tauchschein: die stille Welt der Antillen.

La Nouvelle Table Créole
Route de la Plage
Le Gosier/St.-Félix
✆ 84 28 28
Carmelite Jeannes Spezialität sind Flußkrebse und die Inseldelikatesse *Colombo de cabri*. $$

Sainte Anne
Das Badeparadies direkt an der Hauptstraße ist nicht zu verfehlen. Aber auch die Strände der Umgebung, wie Bourg und Bois Jolan, können sich sehen lassen.

Saint-François
Ferien Haute Couture: ein Jachthafen, ein Flug- und ein Golfplatz.

Pointe des Châteaux
Ein Pfad führt hinauf zum Pointe des Colibris (43 m): Blick auf die umliegenden Inseln La Désirade, Petite Terre und Marie-Galante. Bademöglichkeiten in den kleinen, gemütlichen Buchten direkt hinter St.-François oder an der Nordkante wie dem Plage Tarare (FKK).

Zuschauer beim Hahnenkampf

Restaurant des Châteaux
Pointe des Châteaux
Imbißhütte: man hört das Huhn in der Pfanne brutzeln. $

Relais du Moulin
Châteaubrun
Ste.- Anne
✆ 88 23 96, Fax 88 03 92
Innovation im Kochtopf. Das Haus mit den Mühlenflügeln gehört zu einer Reihe kleinerer Hotels (*Relais*), die mit hoher Qualität gegen die große Konkurrenz bestehen. $$$/$$$

4

Korallen, Kokoseis und Mahagoni

Zwischen Traversée und Pointe des Châteaux

Die **Rivière Salée** hat sich gestern schon vorgestellt. Aber wem ist dabei aufgefallen, daß man direkt durch die Wohnung der Reiher braust, die sich hier zu Hunderten auf einer grünen Mangroveninsel niedergelassen haben? Der Fortschritt ist unaufhaltsam. Noch vor einigen Jahren mußte man sich mit der Fähre über den Fluß setzen lassen. Nun kaschiert die Brücke über den Gezeitenstrom, daß Guadeloupe eigentlich aus zwei Inseln besteht, die so grundverschieden sind wie Pellworm und Hawaii. Heute bietet sich die Chance, beide miteinander zu vergleichen.

Vorn liegen die Berge von Basse-Terre, dem Hawaii der Gallier. Bei Versailles (wir sind in Frankreich) biegt man rechts ab und hat bei **Vernou**, einem schicken, an die Hänge geschmiegten Wohngebiet, fast unbemerkt schon 200 Meter Höhe gewonnen. Die **Route de la Traversée** ist ein Meisterstück der Straßenbaukunst, durch das

Edle Möbel im Holzmuseum Maison du Bois

man nun hindurchbrausen kann. Der tropische Paß, eine Querverbindung, die auf den Vulkaninseln des inneren Antillenbogens Seltenheitswert besitzt, überwindet spielend fast 700 Meter Höhenunterschied.

Nach den ersten Serpentinen weist linker Hand ein Schild auf die **Cascade aux Écrevisses** hin. Das ist ein leiser Wasserfall, der von großen Gummibäumen, Picknicktischen und einem Souvenirladen umgeben ist. Auch im **Bras David Tropical Parc** zwei Kilometer weiter kommt die Wildnis ziemlich zivilisiert daher. Die Hinweistafeln rechts und links der Lehrpfade machen den tropischen Busch zum Schilderwald. Man achte auf die stämmigen Baumriesen, sie werden später noch einmal auftauchen.

Im **Parc Naturel** darf die Natur noch wuchern, wie sie will. Das geschützte Regenwaldgebirge, in dessen Zentrum man sich jetzt befindet, erstreckt sich von der Nord- bis zur Südspitze von Basse-Terre. Daß die meisten Besucher sich ausgerechnet die zweieinhalb Hektar aussuchen, auf denen der **Parc Zoologique** liegt, muß an dem guten Essen im Restaurant Le Ti-Racoon liegen. Heimische Tierarten wie das zähe Aguti, ein über die ganzen Antillen verbreiteter Kleinnager, der kaltblütige Leguan und der säuberliche *raton laveur* (Waschbär) werden zwar in ihrer natürlichen Umgebung gezeigt, aber die armen Kreaturen können einem in ihren winzigen Drahtkäfigen eigentlich nur leid tun.

Die Traversée fällt nun abrupt zur Küste ab. Aber es geht noch tiefer. Die **Réserve Cousteau**, benannt nach dem berühmten französischen Meeresforscher, ist ein Naturpark besonderer Art. Nach einer Fünf-Minuten-Bootsfahrt erreicht man **Ilet de Pigeon**, den Ausgangspunkt für Tauchausflüge durch den streng gehüteten submarinen Wald der Korallenriffe. Abwechslungsreiche Unterwasserexkursionen führen über Hügel und durch Canyons, an deren Wänden bunte Schwämme kleben.

Aus Urzeiten: Leguan

Hier gibt es Korallen, die wie riesige Gehirne aussehen, und stumme Beobachter, deren Schuppen in allen Farben blinken. Daß in **Pointe-Noire** die Möbeltischlerei ein traditionelles Zentrum hat, merkt man schon an den Läden, die hier in der Gegend ihre polierten Tische und Schränke auf die Straße stellen. Wer erkennt die harthölzernen Mahagonistämme wieder, die im Vorgarten des **Maison du Bois** stehen und die sich drinnen in edle Schränke, Sessel und Sekretäre verwandelt haben? Dunkles karibisches Mahagoni war schon im adligen Hause des 18. Jahrhunderts der Stoff, aus dem man Luxuseinrichtungen machte.

An der Westseite von Basse-Terre wird der Weg zur Berg-und-Tal-Bahn an einer zerklüfteten Küstenlinie, um deren hohe Klippen und tiefe Schluchten niemand herumkommt. In den kleinen, sichelförmigen Buchten verstecken sich Strände, die zu den schönsten (und saubersten) der Insel zählen und die, auch das ein Novum für jeden Karibikfreak, alle vorbildlich ausgeschildert sind.

Die mit weißen Farbbinden versehenen Alleebäume kurz vor **Deshaies** könnten aus einem französischen Kriminalfilm der vierziger Jahre stammen. Man wartet jeden Moment darauf, daß ein schwarzer Citroën Baujahr '38 um die Ecke schießt.

Gut im Wind: Surfer bei Saint-François

Das Leben an der Westküste spielt noch in einer anderen Epoche. Der Trubel rund um die Hauptstadt ist bisher nicht hinter die Berge vorgedrungen.

Déjeuner s'il vous plaît? Garantiert kreolisch gekocht wird im »Le Karacoli« in Deshaies und bei »Chez Clara« in **Sainte-Rose**, einem netten Hafenstädtchen, das nichts aus sich macht. Im Restaurant des **Hotel Fort Royal**, des einzigen Luxusschuppens im sonst so rustikalen Westen, kann man sich direkt vom Mittagstisch in die Wellen stürzen. Als Digestif kommt natürlich nur ein *rhum* in Frage. Im **Rummuseum** gleich hinter Sainte-Rose wird zuerst eine starke Dosis Plantagen- und Piratennostalgie verabreicht, aber danach geht es hochprozentig zur Sache. Die Rumprobe ist im Eintrittspreis inbegriffen. Fragen Sie unbedingt nach *vieux rhum*. Der ist jahrelang gereift, hat ein individuelles Bouquet und läuft so sanft durch die Kehle wie ein guter Cognac.

Auf dem Weg nach Le Gosier kommt man durch **Pointe-à-Pitres** Vororte, eine Zone ungehemmten urbanen Wildwuchses. Schlechtes Beispiel ist das Gebiet rund um den meist verstopften Kreisverkehr, an dem die Autobahn nach Westen abzweigt. Hier erhebt sich stolz das Gebäude der Université des Antilles, nebenan macht sich **Bas du Fort** breit, einer der komfortabelsten Jachthäfen der Karibik mit Schwimmdock, Ladenketten, **Aquarium** und einem schicken Touristendorf. Direkt gegenüber liegt das Kleine-Leute-Viertel **Blanchard**, dessen Bewohner, wenn Sie sich morgens auf der Türschwelle ihrer Holzhütte die Zähne putzen, den Pendlern im allmorgendlichen Frühstücksstau zuschauen können.

Le Gosier, nur eine viertel Fahrstunde von Pointe-à-Pitre entfernt, ist das Zentrum der karibischen Riviera, wie die Südküste von Grande-Terre gern in den Prospekten genannt wird. Hier stapeln sich die meisten

Hotelzimmer, hier blinkt abends die Lichtreklame des Kasinos, und eine verwirrende Vielzahl von Eßlokalen versucht die Fremden daran zu hindern, dem Urlaubsghetto zu entkommen.

Manche Gäste sollen derart vom Pauschalkomfort überwältigt sein, daß sie nicht einmal die 750 Meter bis nach Alt-Gosier durchkommen. Doch der Ort, obwohl ein arg strapaziertes Pflaster, ist eine Perle geblieben. Die Pelikankolonie, nach der er benannt wurde, hat zwar längst das Weite gesucht, aber die Nachteulen, die hier auch tagsüber in den Straßencafés sitzen, und die Motorradfahrer, die mit geliehenen Maschinen und freier Brust vorbeirattern, sehen an der richtigen Riviera auch nicht viel anders aus und haben – zumindest nach dem dritten *Ti-Punch* (sprich »*Ti-Pönsch*« = 59prozentiger Rum plus ein Schuß Zuckerrohrsaft und eine Limonenscheibe) – durchaus etwas Bohemehaftes. Auf einer Insel vor der Stadt wacht ein Leuchtturm als malerisches I-Tüpfelchen.

Sainte-Anne ist zwar nicht die einzige Stadt, die den schönsten Strand Guadeloupes für sich in Anspruch nimmt, kann dafür aber einiges in die Reisewaagschale werfen: Kristallklares Wasser, feiner puderweißer Sand, ein vorgelagertes Riff, das die stärksten Wellen bricht, eine konstante, nichtschwimmerfreundliche Tiefe von anderthalb Metern und das hypnotisierende Türkis machen das Baden zu einer Art kultischen Handlung.

Daß im Hinterland der Touristenroute Rinder und Ziegen weiden, zeigt, daß hier nicht alle von den Urlaubern leben. In **St.-François** allerdings schon. Das kleine Fischerdorf ist fest in der Hand des *commerce de tourisme*. Dehalb wird empfohlen, es gleich am Ortseingang zu umgehen. Die Straße streift den 18-Loch-Golf-

Aus-Flug: Regenwald bei Gosier

platz, den Privatflughafen und nimmt Kurs auf Grande-Terres attraktiven Schnabel, eine endlos scheinende Halbinsel ohne Namen. Der Strand **Kahouanne** an ihrem Südrand ist eine zehn Kilometer lange Fußbadewanne, an deren scharfen Korallenkanten man sich die Zehen stoßen kann.

An der **Pointe des Châteaux** selbst darf man nicht baden, denn die Karambolage von Atlantik und Karibischer See führt hier zu turbulenten Wellenbergen, auf

Strandgymnastik bei Sainte-Anne

denen Windsurfer furchtlos reiten. Guadeloupes östlichstes Anhängsel hat ein herbes Gesicht und viele Bewunderer. Auf der Aussichtsplattform überblickt man eine unwirkliche Landschaft aus Felsenfingern, salzigen Seen und Dorn-

Bizarre Ostspitze: Pointe des Châteaux

büschen. Zehn Kilometer weit draußen liegt ein Ausreißer: **La Désirade,** ein kompaktes, 200 Meter hohes Kalkplateau, ist ein Stück abgedriftetes Guadeloupe und für den Fremdenverkehr *terra incognita*. Der Ponton im Meer diente im 18. Jahrhundert als Gefängnis für in Ungnade gefallene Adlige und mißliebige Politiker.

Auf der Insel der Verdammten mischten sich die Ausgestoßenen munter mit den Sklaven. Daraus entstand ein buntes Völkchen. Bis heute praktizieren die knapp 2 000 Bewohner gelebten Anti-Rassismus. Vier von fünf Ehen sind gemischte Doppel.

Vom **Restaurant des Châteaux** wehen Küchengerüche herüber. Trotz des würdigen Namens handelt es sich bei diesem Lokal um eine simple Strandhütte. Schlicht ist auch das Essen, aber reichlich. Hier werden Familien abgespeist, und für die streunenden Strandhunde bleibt meist auch noch etwas übrig. Gleich neben der gemütlichen Kochbude bieten fliegende Eishändlerinnen eine köstliche Erfrischung an. Sie verkaufen becherweise schneeweißes Kokossorbet, das sie in einer Handmühle selber mahlen.

Auf dem Heimweg liegen noch einige Lokale unmittelbar am Wege, auch das **Relais du Moulin**, das sich kurz vor Sainte-Anne in den Büschen versteckt. Windmühlenflügel markieren den Ort der exquisiten Bissen. ■

5. Route: **Guadeloupe**/ Pointe-à-Pitre – Morne-à-l'Eau – Pointe de la Grande Vigie – Le Moule (100 km)

Vormittag Von der Besichtigung Pointe-à-Pitres geht es auf der N 5 nach **Morne-à-l'Eau** mit seinem berühmten Friedhof, dann weiter auf der N 6 Richtung Norden nach **Petit-Canal**. Von hier ist es nicht weit bis zum Strand von Port-Louis oder **Anse-Bertrand**. (Lunch)

Nachmittag Nach dem Abstecher zur **Pointe de la Grande Vigie** führt die Landstraße vorbei am Porte d'Enfer über Campêche und Gros Cap an der Ostküste nach **Le Moule**, wo das Musée Edgar Clerc nicht schwer zu finden ist (ausgeschildert). Zurück geht es quer durch Grand-Terre auf der N 5 nach **Pointe-à-Pitre**.

5. Route – Informationen: Guadeloupe

Vorwahl: ✆ 590

97110 Pointe-à-Pitre:

Rue Frébault
500 m lange Lebensader der Altstadt.

Basilique Saint-Pierre-et-Saint-Paul
Rue A. Isaac
1843 fertiggestellt. Festlichstes Ereignis des Jahres ist die *Fête des Cuisinières* am St.-Lorenz-Tag im August, bei der Guadeloupes Köchinnengarde erst einen Gottesdienst abhält, bevor sie in bunter Tracht quer durch die Stadt zu ihren Kochtöpfen marschiert.

Marché Saint-Antoine
Zwischen Rue Peynier und Rue Frébault
Leicht erriechbar: überdachter Zentralmarkt mit Brunnen. Weitere Straßenmärkte gibt es am Hafen La Darse und auf dem Boulevard Chanzy.

◁ *Fischmarkt in Pointe-à-Pitre*

Musée Saint-John Perse
9, rue Nozières
✆ 90 01 92
Mo–Fr 8.30–12.30 und 14.30–17.30, Sa 8.30 –12.30 Uhr
Saint-John Perse alias Alexis Legér (1887–1975) bereiste als Diplomat die Welt, bevor er Gedichte schrieb. Das Museum, eine Fabrikdirektorenvilla aus dem 19. Jh., ist ein auf Guadeloupe seltenes Beispiel formstrenger Kolonialarchitektur. Historische Einrichtung im Erdgeschoß. Es gibt eine Biblio- und eine Videothek.

Musée Schoelcher
24, rue Peynier
✆ 82 08 04
Mo/Di 9–12.30 und 14–17.30, Do/Fr bis 18.30, Sa 9–12.30 Uhr
»Der Besitz eines Menschen durch einen anderen Menschen ist ein Verbrechen«, hieß das philanthropische Credo Victor Schoelchers (1804–93). Als führender Kopf der Anti-Sklaverei-Bewegung schrieb sich der Rassenkämpfer die Finger wund und wird deshalb bis heute verehrt. Ausgestellt sind allerlei Raritäten, die der Kosmopolit auf seinen Geschäftsreisen sammelte.

Weitere Informationen zu Pointe-à-Pitre finden Sie S. 63 f.

Morne-à-l'Eau
15 000 Einwohner und ein faszinierender Totenacker: Die für das katholische Guadeloupe typischen Grabhäuser fielen hier besonders komfortabel aus (teilweise zweistöckig) und sind in abstrakten Schwarz-Weiß-Mustern künstlerisch gestaltet. Vorsicht, Wespen!

L'Anse de Souffleur
Port-Louis
Der beliebte Strand liegt hinter einem großen Parkplatz nördlich des Dorfes.

Le Poisson d'Or
Rue Sadi Carnot
Port-Louis
✆ 22 88 63
Goldene Schuppen. $$

Anse Laborde
Anse-Bertrand
✆ 22 11 17
Kleiner Strand mit rosa Streifen und dem Fischlokal von »Chez Prudence«. $--$$

Pointe de la Grande Vigie
Die windige Nordspitze Guadeloupes ist Naturschutzgebiet. Vom Parkplatz sind es nur wenige Schritte bis zum Abgrund. Links sieht man die Pointe de la Petite Tortue, den

Zwei Ochsenstärken

kleinen Schildkrötenrücken, rechts bilden die Kalkplateaus einen kilometerlangen Felsstreifen.

Porte d'Enfer
Die Lagune dient den Wochenendausflüglern als idyllischer Swimmingpool. Während man sich der friedlichen Fluten erfreut, will 100 m weiter das Meer nicht aufhören zu brüllen. Vor einem vernichtenden Erdstoß von 1843 spannte sich ein Felsbogen über die Bucht, dessen Reste in der Tiefe nun als Brecherbremse fungieren.

Le Moule:

Kaum Fremdenverkehr. Deshalb weht statt Parfümduft Fischgeruch durch ihre Straßen.

Musée Edgar Clerc
La Rosette
✆ 23 57 57
Mo/Di 9–12.30 und 14–17, Do–Sa 9–12.30 und 14–18 Uhr
Wurde vom Architekten Jack Berthelot gebaut, der für die Unabhängigkeit Guadeloupes eintrat und 1984 ermordet wurde. Durch eine Indianerhütte gelangt man in den Alltag von Guadeloupes Erstbewohnern, die nicht nur den Tabak kultivierten.

Plage de l'Autre Bord
Strand mit gemischtem Publikum beim Hotel Tropical.

Tropical Club Hotel
Les Alizés
✆ 93 97 97, Fax 93 97 00
Hier können Familien selber kochen oder ins Restaurant gehen. $$$/$$

Chez Mimi
81, rue St.-Jean (Moule Zentrum)
✆ 23 64 87
Tägl. 9–14 und 19–23 Uhr
Kleines schrilles Zimmerlokal, mit Dankespostkarten tapeziert. $$

La Canne à Sucre
Quai 1, Port Autonome
Pointe-à-Pitre
✆ 82 10 19
Kulinarischer Dauerbrenner im postmodernen Ambiente des neuen Kaizentrums. $$$

Tour du Nord: Von Pointe-à-Pitre zur Pointe de la Grande Vigie

5

Pointe-à-Pitre ist eine Stadt im Sumpf. Vor 200 Jahren legte man die Mangroven-Moore systematisch trocken, zog Kais und baute ein paar Dutzend Häuser. Bis es eine trockene Verbindung zum nächsten Ort Abymes gab, sollten noch hundert Jahre vergehen. Inzwischen hat die Mini-Metropole ihre Nachbargemeinden längst aufgesogen. Selbst Zyklone, Großbrände, Choleraepidemien und Erdbebenkatastrophen konnten die Hauptstadtkarriere nicht stoppen.

In den achtziger Jahren hat sich das Gesicht der Hauptstadt zum letzten Mal grundlegend verändert. Die klassischen karibischen Elendsquartiere wurden zum großen Teil dem Erdboden gleichgemacht und durch klobige Wohnblocks ersetzt. Am **Boulevard Chanzy**, der die sanierten *bidonvilles* vom historischen *centre de la ville* trennt, hat man das Rathaus und ein mächtiges Kulturzentrum hinbetoniert. Vor dessen Haustür startet jedes Jahr im Spätsommer eines der wichtigsten Ereignisse der Insel, die *Tour de la Guadeloupe*. In den Wochen davor sieht man die Pedalritter in knallbunten Trikots quer über die Insel ihre Trainingsfahrten absolvieren.

Die Einfallschneise in Pointe-à-Pitres Innenstadt heißt **Rue Frébault**, eine typische, mit dem kolonialen Lineal gezogene Innenstadtstraße. Wegen seiner Geschlossenheit fällt das stilistische Durcheinander der Fassaden im alten Stadtkern kaum auf. Der architektonischen Anarchie entspricht im übrigen das ethnische Wirrwarr auf dem

Bürgersteig. Vielen schwarzen Frankokariben sieht man das gallische Blut an der Nase an. In Pointe-à-Pitre gibt es eine fein abgestimmte Philosophie der Pigmente. – Bis heute gilt der Satz: »Tout nèg'riche, c'est mulât', tout mulât' pauv', c'est nèg.« (Jeder reiche Neger ist ein Mulatte. Jeder arme Mulatte ist ein Neger.) Stolz ist man auf eine farbige Aufsteigerin besonderer Art: Guadeloupes Schönheitskönigin erklomm 1992 bei den Miss-Frankreich-Wahlen das oberste Treppchen und wurde zum Politikum.

Bauliche Schönheiten hat die Stadt kaum zu bieten. Die **Basilique Saint-Pierre-et-Saint-Paul**, Guadeloupes größte Kirche, ist jedoch einen Besuch wert. Erst auf den zweiten Blick merkt man dem Gotteshaus an, daß es sich um einen Eisenkäfig handelt, eine stabile Konstruktion aus Säulen, Schrauben und Stangen. Gußeisern ist auch

Museum Schoelcher in Pointe-à-Pitre

Friedhof Morne-à-l'Eau

der **Marché Saint-Antoine**. Auf dem Zentralmarkt kaufen Pointe-à-Pitres anspruchsvolle Köchinnen ein. Es duftet nach Gewürzen, süßen Früchten und anderen tropischen Köstlichkeiten. Der Markt am Hafen **La Darse** ist dagegen mehr auf Laufkundschaft eingestellt und hat den entsprechend höheren Schreipegel. Hier hängen zwischen Kokosnüssen, Kartoffeln und Bananen auch Jeans und karibischer Nippes. Frühmorgens verkaufen auswärtige Fischer ohne Gewerbeschein ihre frischgefangene Ware direkt vom Boot. Nachmittags müssen die Marktstände verschwunden sein.

Gleich um die Ecke in der Rue Nozières steht ein hübsches Haus mit rotem Dach und Rundum-Balkon, das eigentlich gar nicht hier stehen sollte. Das Gebäude aus der zweiten Hälfte des letzten Jahrhunderts war für eine reiche Familie in Louisiana bestimmt. Aber wegen eines Hurrikans blieb nicht nur das Frachtschiff, sondern auch die Fracht hier hängen. Zum 100. Geburtstag des Dichters Saint-John Perse wurde das Gebäude 1987 zum **Musée Perse** umgestaltet. Der Lyriker hatte Guadeloupe zwar schon als zwölfjähriger verlassen, aber den Ort, »wo der Geruch des Kaffees die Treppe emporsteigt«, immer wieder sprachgewaltig besungen. Perse, ein *Béké*, also zur kleinen, wohlhabenden Schicht der weißen Bourgeoisie gehörend, hatte eine unbeschwerte, privilegierte Kindheit auf einer Plantage (s. S. 64) erlebt und später in Frankreich als Diplomat Karriere gemacht.

Im Museum kann man Fotos, Manuskripte und den Hut des Poeten besichtigen. Natürlich ist auch die Nobelpreisurkunde von 1960 ausgestellt. Dafür fehlt der Hinweis, daß Perse 1940 die französische Staatsbürgerschaft entzogen und sein Name aus der Liste der Ehrenlegion gestrichen wurde. Er emigrierte in die USA und lebte dort bis zu seiner Rückkehr nach Frankreich 1960.

Ab Mitte 1940 gehörte Guadeloupe, wie fast alle Kolonien, zum Vichy-Regime von Marschall Pétain, dem stockkonservativen Militärdiktator, der mit den deutschen Besatzern kollaborierte. Juden und politische Flüchtlinge wurden bis in die Karibik verfolgt. Zeitweise war die Insel von ihrer Versorgung aus dem Mutterland abgeschnitten. Auch deshalb ist der Zweite Weltkrieg für Guadeloupe und die Grande Nation ein ungeliebtes Kapitel.

Gerne erinnert man sich dagegen an ein anderes Datum, das drei Straßenecken weiter gefeiert wird. Das **Musée Schoelcher** ist im früheren Wohnhaus des Elsässer Fabrikantensohns Victor Schoelcher untergebracht, der 1848 das Dekret zur endgültigen Sklavenbefreiung ausarbeitete. Dessen Umsetzung wurde vor Ort von den Weißen dann allerdings noch jahrelang hinauszögert.

Die gut ausgebaute Straße nach Norden führt dorthin, wo die Sklaven geschuftet haben: ins Zuckerrohrgebiet des flachen Nordens. Kurz hinter **Les Abymes** streift sie jedoch zuerst die **Les Grands Fonds**, ein kleines Hügelland mit einem kuriosen, unverwechselbaren Relief. Regengüsse haben hier den Kalk ausgewaschen und eine Art natürliche Achterbahn geschaffen. Manche der Mulden, die *mornes*, liegen unterhalb des Meerespiegels. Die bis zu 100 Meter hohen Kegel, die *fonds*, sehen aus wie riesige Maulwurfshügel. Das fruchtbare, saftiggrüne Gebiet ist recht dicht besiedelt. Hier leben Kleinbauern, darunter auch Nachkommen jener adligen Familien, die sich aus Angst vor der Guillotine in dem unwegsamen Karstgebiet verkrochen.

Das Landstädtchen **Morne-à-l'Eau**, dessen trübes Wasser im Canal des Rotours abfließt, hat einen beeindruckenden Friedhof, dessen Grabmäler sich wie eine Totenstadt den Berg hinaufziehen. Weil viele der Gräber gleichmäßig im Schachbrettmuster geka-

Fischerboote in Petit-Canal

chelt sind, wirkt der Totenacker wie ein Gesamtkunstwerk in Schwarzweiß, ein sakrales Bühnenbild für die *danse macabre*.

Auf dem Flachland zwischen Morne-à-l'Eau und Anse-Bertrand wogt das Zuckerrohr so weit das Auge reicht. Immer wieder fährt man über stillgelegte Eisenbahngleise, auf denen einmal die Loren rollten. Auf den ehemaligen Trassen, die sich noch immer in langen Fluchten durch die haushohen Rohrspaliere ziehen, weiden jetzt gelangweilte Rinder. Längst geht auch hier das einstige Rückgrat der Landwirtschaft krumm. Die Zuckerzentrale von **Beauport** ist die letzte Industrieanlage des gesamten Plantagengebietes, die sich noch in Betrieb befindet.

Die Kirche von **Petit-Canal** steht auf einer Anhöhe über der Bucht. Von dort blickt man weit über die Mangrovenwälder und das Bassin des **Grand Cul-de-Sac Marin** mit seinen unregelmäßigen Korallentupfern. Das Meer schimmert, als hätte Picasso in seiner blauen Periode seine Farbpinsel hineingetunkt. Über der Palette *à la bleu* findet das karibische Himmelsschauspiel statt. Wenn von Basse-Terre schon dunkle Regenfronten drohen, aber die Sonnenstrahlen noch den Horizont beleuchten, wird die Bucht zu einem Meer von Edelsteinen, die auf den Wellen glitzern, und die Farben der Landschaft sind so intensiv wie auf einem von hinten beleuchteten Schirm.

Man kann von hier oben aus hinuntergehen zum Anlegesteg, an dem tagsüber kleine Fischerboote festliegen. Dort stehen Männer aus dem Ort und haben die Hände in den Hosentaschen vergraben. Doch das friedliche Bild täuscht. Die Steintreppe, die von der Kirche zum Meer hinunterführt, war ein teuflisches Folterinstrument, das sich die weißen *Planteurs* zur Abschreckung ausgedacht hatten. Jede Sklavenplantage spendete Geld für eine der 57 Stufen. Aufsässige Schwarze steckte man in ein Faß, das innen mit Dornen gespickt war, und stieß es dann die Kirchentreppe hinunter.

An der Straße nach **Port-Louis** steht ein immer frisch gestrichener Hindu-Tempel einsam im Grün der Bankette. Schmale rote Fähnchen flattern im Wind. Die Stadt selbst ist klein, aber unübersichtlich. Einbahnstraßen machen sie zum Labyrinth. Immer an der Wasserkante entlang, kommt man zu einem der beliebtesten Badestrände auf ganz Grande-Terre. Die gebirgige Silhouette von Basse-Terre liefert eine werbefilmreife Kulisse. Im Hintergrund konkurrieren zwei Imbißwagen um die hungrige Badekundschaft.

Auch **Anse-Bertrand**, das noch am Tag Schlaf in den Augen hat, kann eine Bucht

Frauensache: Markt in Pointe-à-Pitre

mit Snackbar vorweisen. Je näher man der **Pointe de la Grande Vigie** kommt, desto mehr verliert die Landschaft ihre lieblichen Züge. Das trockene Buschland war das letzte, 20 Quadratkilometer große Reservat der Carib-Indianer, das ihnen von der französischen Regierung vor hundert Jahren vertraglich zugestanden wurde. Die weißen Siedler dehnten ihre Plantagen jedoch rücksichtslos aus. Als einer der letzten Häuptlinge verzweifelt in Paris um Hilfe bat, war der Untergang seines Volkes schon besiegelt.

Nur bizarre Kakteen wachsen auf der kahlen, stürmischen Kalkbarriere des Nordkaps. Man steht hoch oben wie auf einem Ozeanriesen, und der Atlantik schäumt wütend gegen Guadeloupes porösen Bug. Eine schmale Landstraße, streckenweise schnurgerade wie eine napoleonische Chaussee, führt an der Atlantikküste entlang. Dort wo sie nach Süden abknickt, kann man von der **Pointe du Lagon** aus die **Porte d'Enfer** beobachten, die zwar im letzten Jahrhundert bei einem Erdbeben zusammenbrach und seither gar keine Pforte mehr ist, wo das Meer aber noch mächtig Schaum schlägt. Um das Naturschauspiel, zu dem die Straße in steiler Schußfahrt hinunterführt, ranken sich Legenden. So soll in dem brüllenden Loch eine gewisse Madame Coco beim Spaziergang in den Ozeanwellen verschwunden sein.

Im Takt der Telegraphenstangen, vorbei an kleinen Weihern, verfallenen Mauern und einsamen Dörfern, nähert man sich Le Moule. Im Vorort **La Rosette** weist ein Schild auf das **Musée Edgar Clerc** hin, wohl eine der besten Sammlungen »präkolumbischer« Kultur in der Karibik. Wobei schon diese Bezeichnung auf unseren westlichen Ethnozentrismus verweist. Nachdem die Kultur der Ureinwohner lange Zeit auch von den Antillianern als minderwertig betrachtet und deshalb mißachtet worden war, hat mittlerweile ein Umdenkprozeß stattgefunden. Ähnlich wie auf die afrikanischen Wurzeln, blicken viele Menschen nun auch zunehmend mit Stolz auf das indianische Erbe der karibischen Gesellschaft.

Le Moule hat zwei Gesichter. Gegen seine felsige Meerseite kracht die Brandung des Ozeans. Ort und Hinterland dagegen sind nicht halb so wild. Die einzige Stadt am Atlantik war einmal ein bedeutender Zuckerhafen. Große Segelschiffe wurden an Seilen den Ravine Gardel flußaufwärts gezogen und stießen vollbeladen wieder in See. Einstige Größe läßt sich vielleicht noch auf dem Marktplatz erahnen, den das Rathaus und die klassizistische Kirchenfassade zieren. Hier spielen nachmittags die Jungen Basketball, und die Alten versammeln sich zum Tratsch, dem man noch bis in den späten Abend lauschen kann.

Zünftiges Abendessen gibt's zum Beispiel in Le Moule bei der schrillen »Mimi« oder aber, zurück in Pointe-à-Pitre, auf Champagnerniveau und mit Hafenpanorama beim Kreativkoch Gérard Virginius im »La Canne à Sucre«. ■

Lebendiges Le Moule

MARIE-GALANTE – INSELINFOS

int. Vorwahl: ✆ 00590

Die Zuckerinsel ist abgeschieden von der Welt. Es gibt keine nennenswerte Hotellerie, aber kilometerlange Badestrände und ein weitgehend unbewohntes Inselinneres, in dem sich die wenigen Besucher verlieren.

Inseldaten

Geschichte

1648: 13 Jahre nachdem sie sich auf Guadeloupe festgesetzt hatten, versuchen die Franzosen erstmals das von Kariben bewohnte Marie-Galante einzunehmen, treffen aber auf erbitterten Widerstand der *Amerindians*, die vorher schon aus Guadeloupe vertrieben worden waren. – 1663: Neue Siedler bauen ein Fort, rotten die *Amerindians* aus und machen aus der Insel ein offenbar einträgliches Zuckerrohrfeld. – 1676: Holländer plündern. – 1691/1703/ 1754/ 1808/1815: Engländer plündern. – 1816: Marie-Galante wird endgültig französisch. – 1835: auf der Insel leben etwa 20 000 Menschen, je zur Hälfte Sklaven und Weiße; Zuckermühlen werden durch fünf Fabriken ersetzt. – 1946: Marie-Galante wird französisches Département.

Insel in Zahlen

Marie-Galante ist 158 km² groß und hat 16 000 Einwohner, die hauptsächlich in den drei Gemeinden Grand-Bourg, St.-Louis und Capesterre wohnen und vom Fischfang (Thunfisch, Lambimuscheln) oder vom Zuckerrohr (eine Fabrik arbeitet noch; geerntet wird Februar bis Juni) leben. Statt großer Hotels gibt es nur kleine Pensionen und Ferienwohnungen. Gerühmt werden die sechs exzellenten Rumsorten der Insel.

Landschaft und Klima

Die Insel ist geologisch ein abgedrifteter Teil von Guadeloupe bzw. Grande-Terre, hat aber ein flacheres Relief, so daß Regenwolken meist vorbeiziehen. Ein Knick teilt sie ins nördliche Les Bas und südliche Les Hauts. Den Südosten umranden Korallenriffe. Das Inselinnere, halb bedeckt von Zuckerrohrfeldern und halb von wild wucherndem Grün, ist noch zu entdecken.

Reisedaten

Auskunft

Maison de Marie-Galante
12, bis place de la Victoire
97110 Pointe-à-Pitre/Guadeloupe
✆ 90 10 41

Syndicat d'initiative de Marie-Galante
Passages des braves
97112 Grand-Bourg
✆ 97 81 90

An- und Abreise

Mit der Fähre von Pointe-à-Pitre dauert die Überfahrt eine gute Stunde. Man kommt in Grand-Bourg oder St.-Louis an. Schneller (täglich und in 15 Minuten) fliegt Air Guadeloupe von Le Raizet zum Flugplatz Des Basses im Süden von Marie-Galante.

Einkaufen

Den Rum nicht vergessen!

Essen und Trinken

Siehe Informationen zu 6. Route.

Geld

Währungseinheit ist, wie im gesamten Guadeloupe-Archipel, der französische Franc.

»Grüne Hölle« Zuckerrohr

Nachtleben
Außer Fröschen und Motorrollern stört an normalen Wochentagen keiner die Abendruhe. Im **Le Touloulou** (Plage de Petite Anse) geht aber an Wochenenden die Discomusik ab.

Reisen auf der Insel
Autos oder Motorroller kann man in Grand-Bourg mieten; es fahren auch Taxis und Kleinbusse.

Sportmöglichkeiten
Es gibt keine Sportanlagen, aber genügend Wasser zum Schwimmen und Platz zum Laufen.

Strände
Sie gehören ohne Zweifel zu den schönsten der Kleinen Antillen, sind kaum zu verfehlen und rund um die Insel riffgeschützt. Am beliebtesten: **Anse Canot**, **Plage de la Feuillère**.

Unterkunft

Gîtes de France Guadeloupe
Verkehrsamt Pointe-à-Pitre
Place de la Victoire, B.P. 759
✆ 91 64 33, Fax 91 45 40
Vermittelt Ferienwohnungen.

Gîtes:

Le Refuge
St.-Charles
97134 St.-Louis
✆ 97 02 95

Village de Ménard
Section Vieux-Fort
97134 St.-Louis
✆ 97 77 02, Fax 97 76 89
Einsam gelegene Ferienwohnungen für Selbstversorger. Kleiner Pool vor der Haustür. $$

Auberge de Soledad
97112 Grand-Bourg
✆ 97 75 45
Kleines Hotel mit frankokreolischem Restaurant. $

Touloulou
Plage de Petite Anse
✆ 97 32 63, Fax 97 33 59
Bungalows am Meer. $$

Wichtige Telefonnummern
Polizei ✆ 97 90 03, Notarzt ✆ 97 93 93
Vorwahl für Deutschland ✆ 19 49

6. Route: Marie-Galante – Inselrundfahrt (50 km)

Vormittag

Überfahrt mit der Schnellfähre von Pointe-à-Pitre/La Darse; nach einer guten Stunde wird in **Grand-Bourg** angelegt. Dort beginnt die gemütliche Inselrundfahrt und führt auf der N 9 vorbei an der Habitation Trianon zur **Distillerie Poisson**; über **St.-Louis** geht es an diversen Stränden vorbei zum **Gueule Grand Gouffre**.

Nachmittag

Hinter **Capesterre** beginnt bald die Plage de la Feuillère. Kurz vor Grand-Bourg liegt das **Château Murat**.

Plan: Die Zeit reicht allemal, die Insel einmal zu umrunden und dabei noch Strände ausgiebig zu testen. Wer allerdings erleben will, wie Marie-Galante nach 18 Uhr in Tiefschlaf fällt, muß übernachten.

Antilles Trans Express
✆ 83 12 45
Abfahrt La Darse/Pointe-à-Pitre: Mo–Sa 8, 12.30, 15, So 8, 17, 19 Uhr
Abfahrt Marie-Galante: Mo–Sa 6, 9, 15.45, So 6, 15.45, 18 Uhr
Die Fähre Pointe-à-Pitre–Grand-Bourg und retour kostet 160 Franc (inklusive Inseltour 325 Franc). Es lohnt sich, früh zu fahren, denn dann ist der Parkplatz am Place de la Victoire noch leer. Die Überfahrt dauert eine gute Stunde. Obwohl es nur 40 km Wasserlinie sind, kann die See sehr rauh sein.

Es gibt auch tägliche Flüge vom Flughafen Le Raizet in Pointe-à-Pitre.

Grand-Bourg
Der Hauptort der Insel (6 500 Einwohner) brannte 1901 komplett nieder, hat somit keine Kolonialfassaden, aber einen Marktplatz mit Barockkirche, Flamboyantbäumen und Inselbürgermeisteramt. Am Landesteg kann man Autos oder Motorroller leihen.

Distillerie Poisson
✆ 97 03 79
Tägl. 9.30–12 Uhr

Anse Canot
Nördlich von St.-Louis. Strand mit Riff. Wer schnorcheln will, braucht seine eigene Ausrüstung.

Anse du Vieux Fort
Mit Mini-Insel.

La Grande Barre
Der 160 m hohe Inselbruch ist beliebt bei Ausflüglern. In diesem Teil Marie-Galantes stehen noch Hütten, die nach traditioneller Art aus Gerten gebaut wurden.

Kleines Grand-Bourg: Marktplatz

Wenn die Räder stillstehen

Gueule Grand Gouffre
Ein tiefes Loch, in dem es schäumt.

Les Galeries
Der Fels als Schweizer Käse.

Petite Anse
Geht über in die Plage de la Feuillère.

Le Touloulou
Plage de Petite Anse
✆ 97 32 63
Strandlokal (mit Samstag-Disco) an der Straße nach Grand-Bourg. $$

Tatie Zezette
Plage de Feuillère
✆ 97 36 02
Meeresfrüchte und Meeresrauschen. $$

Château Murat
Grand-Bourg
✆ 99 79 41
Mo/Di, Do/Fr 7.30–12.30 und 14.30–17.30, Sa/So 9–12 Uhr
Landhaus (1832) mit der besterhaltenen Zuckerfabrik der Kleinen Antillen. Außerdem ein kleines Museum über Marie-Galantes Ökologie und Volkskunst.

La Neptune
Plage de Grand-Bourg
✆ 97 96 90
Di–So 10–22 Uhr
Spezialität: *bananes flambées*. $$$

La Grillade
Rue de l'Église, Grand-Bourg
Kreolischer Imbiß. $

Supermarché Lemaistre
Rue Jeanne d'Arc
Grand-Bourg
Wer noch keinen »Rhum Père Labat« gekauft hat, kann das hier nachholen.

6 Eine runde Sache: Marie-Galante

»Bonjour, Marie-Galante!« Die Dame mit dem charmanten Namen ist eher von spröder Natur. Weil ihre kreisrunde Form einem Strohhut ähnelt, nannten die Spanier sie spaßhaft Sombrero. Doch wenn die Bäuerin Marie-Galante ihre Geschichte erzählt, fließen Blut und Tränen. Dann ist von Kriegen und Schlachten die Rede, die jahrhundertelang nicht enden wollten. Hier kämpften Indianer um ihr Überleben; Spanier, Holländer, Engländer und Franzosen benutzten Marie-Galante als Stützpunkt, um von hier aus die Herrschaft über Guadeloupe zu erringen. Aber auch um die Insel selbst, die einen Boden besitzt, aus dem das Zuckerrohr kräftig sprießt – selbst wenn der Regen oft auf sich warten läßt.

Mit dem Schiff von Guadeloupe kommend, fällt einem zuerst ein riesiges Speicherhaus ins Auge und dann die rostige Zuckerfabrik. Erst danach tauchen die Häuser des Hauptortes **Grand-Bourg** auf – von einer Silhouette zu sprechen wäre allerdings eine starke Übertreibung.

»Bonjour!« Wer die Bedeutung dieses Wörtchens bislang unterschätzt hatte, bekommt hier Nachhilfe – bei der Bestellung eines *fruit de la passion* in dem kleinen Café am Landungssteg, beim Mieten eines Motorrollers oder beim Kauf einer Flasche Rum im Laden um die Ecke: »Bonjour« ist hier Inseleintrittskarte und Berechtigungsschein auf ein freundliches Gesicht der Einheimischen.

In Grand-Bourg, an dessen Kai einmal am Tag ein Schwung Touristen an Land ge-

lassen wird, betrachtet man die Ankömmlinge noch als Gäste. Die Schar verliert sich schnell auf dem Inselteller. Es gibt keine größeren Hotels und keinerlei touristische Konzentrationspunkte. Marie-Galante, eine der am dünnsten besiedelten Antilleninseln, ist so groß wie die Pariser City, aber ungefähr so aufregend wie der Vorortfriedhof von Orly.

Die Zeiten, als hier ständig Pulverdampf in der Luft hing, sind lange vorüber. Heutzutage sorgt höchstens das Hickhack zwischen dem Clan des Bürgermeisters und seinen Gegenspielern (die der Westentaschendespot vor Jahren schon einmal mit Polizeigewalt vom Rathausplatz vertreiben ließ) für ein wenig Abwechsung im ansonsten ewig gleichen Provinzeinerlei. Bekannt, wenn man das so sagen darf, wurde Marie-Galante als Insel der 100 Mühlen, einer für ihre geringen Ausmaße doch recht beachtlichen Zahl. Sie klappern längst nicht mehr, doch stehen überall noch die Mühlentürme und ragen als

Verschlafenes Capesterre

Nachwachsende Süßigkeit – Zuckerrohr

bröckelnde Reste der Vergangenheit in die Gegenwart hinein.

Einen Kilometer hinter Grand-Bourg liegt die **Habitation Trianon**, das fast vollständig erhaltene Gemäuer einer Zuckerrohrplantage. Über den Steinen macht sich tropisches Grünzeug breit und in der ehemaligen Siederei hat es sich ein Hausbesetzer gemütlich eingerichtet. Um 200 Tonnen Zucker herzustellen, mußten früher rund 100 Hektar Zuckerrohr angebaut werden. Dazu, rechnete ein Zeitgenosse vor, brauchte man »einen Viehbestand von mindestens 250 Negern, 80 Rindern und 50 Eseln«.

Marie-Galante war, ähnlich wie Antigua oder St. John, eine klassische Zuckerinsel, ist es aber im Unterschied zu diesen bis auf den heutigen Tag geblieben. Schon 1648, vier Jahre nachdem das ursprünglich aus Indien stammende *saccharum officinarum* in der Karibik eingeführt wurde, hatten die ersten französischen Siedler, die sich auf der Insel niederließen, das haushoch wachsende Gras mit im Gepäck. Bis heute bestimmt es den Kalender der Insulaner.

Wenn im Frühjahr die Ernte beginnt, lassen sie alles stehen und liegen und gehen wie eh und je mit der Machete in die Felder. Dann sieht man Dutzende schwer beladener Ochsenkarren knarrend über die Insel schaukeln. Vor der Fabrik am **Anse Ballet** bilden die vorsintflutlichen Gefährte eine lange Schlange, dieses Schauspiel, nach einer über drei Jahrhunderte alten Dramaturgie kann man sonst auf keiner anderen Insel der Antillen mehr beobachten.

Zwar sind die Regierungen in Paris nicht mehr so spendabel wie jene Vorgängerin, die einst für die winzigen Zuckerinseln die Kolonie Kanada hergab. Aber dafür werden heute in Paris große Steuergeschenke geschnürt. Zugute kommen sie unter anderen den kleinen Rum-Destillerien, von denen es auf Marie-Galante noch rund ein halbes Dutzend gibt und die ohne die indirekten Subventionen gegen die Sprit-Multis aus den USA keine Überlebenschance hätten. *Merci beaucoup!*

Was uns ohne den Protektionismus entgehen würde, ist in der **Distillerie Poisson** zu besichtigen, die aus einem still vor sich hin rottenden Herrensitz und einem Maschinenhaus besteht, dessen eiserne Innereien noch aus dem letzten Jahrhundert stammen. Die ölschwarzen Kessel, Zylinder und Zahnräder scheinen aus Chaplins »Modern Times« direkt hierher versetzt worden zu sein. Mit dem anachronistischen Maschinenpark wird der hochprozentige »Rhum Père Labat« hergestellt, den auch kritische Zungen zu schätzen wissen. Es ist ein *Rhum agricole*, der – typisch für die französischen Antillen – aus reinem Zuckerwasser gebrannt wird und ein etwas feineres Aroma hat als seine braunen Verwandten.

Auf Marie-Galante begegnen sich manchmal Gestern und Morgen. Hier ziehen Zebus Holzkarren durch die grüne Gegend, dort sieht man moderne Sonnenkollektoren auf den Hausdächern – EG-unterstützte Energiegewinnung, die in die Zukunft weist.

Vielleicht liegt bei **St.-Louis** wirklich die Côte d'Azur Marie-Galantes. Denn obwohl dieser beschauliche Ort keineswegs Cannes ist, behaupten nicht nur Einheimische, daß es um ihn herum die schönsten Badestrände der Antillen gibt, mit gemischtem Publikum und garantiert hotelfreier Umgebung. Steht man bei **Vieux Fort** hüfttief im Wasser, möchte man kaum glauben, daß sich hier am *plage du massacre* Siedler und Indianer gegenseitig aufschlitzten.

Auf dem Rückweg nach Süden liegen Naturereignisse am Wege wie **La Grande Barre**, wo es in erdgeschichtlicher Frühzeit einmal kräftig geknackt haben muß. Die grüne Kerbe ist eine Bruchzone, die die Insel in zwei höhenversetzte Plateaus trennt. **Gueule Grand Gouffre**, ein Whirlpool der Gezeiten, über dessen Rand man sich beugen muß, und die Höhlensysteme der **Galeries** zeigen, wie das Meer die Insel an ungeschützen

Plantage Château Murat

Ecken anfrißt. **Capesterre** ist dagegen von einem Riff abgeschirmt. Mit seinen rot gedeckten Dächern vor dem breiten Streifen in Türkis sieht das Fischerstädtchen aus wie gemalt.

Das **Château Murat** ist natürlich kein Schloß, aber ein gediegener Steinbau, an dessen Giebel die Renaissance nachklingt. Noch interessanter als das restaurierte Plantagenpalais erweist sich seine Umgebung, eine Zuckerfabrik mit voller Ausrüstung. Im Mittelpunkt der Anlage steht die Windmühle, wie man sie nun schon in so vielen Variationen kennt. Das profane Wahrzeichen des Kolonialsystems erinnert auch an alle namenlosen Arbeitskräfte, die in der brütenden Hitze ihr Leben verschlissen haben.

Die Zuckerherstellung soll übrigens ein Patent der Holländer gewesen sein. War das Zuckerrohr in der Mühle ausgequetscht, mußte der Saft eine Abfolge glühendheißer Pfannen, Rinnen und Zisternen durchlaufen. Beim Abschöpfen und Umschütten kam es häufig zu Verbrennungen. Zum Schluß wurde der eingedickte Saft zu einer Abkühlungsfläche gebracht, wo sich der braune Zucker schließlich an der Oberfläche der Melasse herauskristallisierte. Die schweißtreibendste Arbeit auf den Zuckerrohrplantagen wurde also nicht im *jardin*, dem Feld selber, geleistet, sondern in den Mühlen und dampferfüllten Siedeküchen.

»Wenn wir in den Zuckerfabriken arbeiten und die Mühle uns am Finger erwischt, hackt man uns die Hand ab. Wenn wir fliehen wollen, schneidet man uns das Bein ab. Bei mir war beides der Fall. Das ist der Preis für den Zucker, den ihr in Europa eßt«, läßt Voltaire in seinem 1758 erschienenen Aufklärungsstück »Candide oder Der Optimismus« einen Sklaven berichten.

Etwas landeinwärts liegt **La Mare au Punch**, ein See, den befreite Sklaven 1849 mit erbeutetem Rum auffüllten, bevor sie mit dem größten *Ti-Punch* aller Zeiten ein Freudenfest feierten. Wer es ihnen nachempfinden will, sollte nicht vergessen, bevor es »Au revoir Marie-Galante!« heißt, eine Flasche guten Rums zu besorgen. Auf der Fähre gibt es genügend Geländer, an denen man sich festhalten kann. ■

Rum-Destillerie

LES SAINTES – INSELINFOS

int. Vorwahl: ✆ 00590

Ob die Seefahrer, die einmal so hartnäckig um diese Inselgruppe kämpften, auch einen Blick für deren pittoreske Formen hatten? Inzwischen sind die schönen »Heiligen« mit ihrer gezackten Silhouette ein beliebtes Ausflugsziel, das entspannte Erholung garantiert, weil die Aufnahmefähigkeit der Fähren natürliche Grenzen hat.

Inseldaten

Geschichte

1648: Die Besiedlung durch die Franzosen läutet das Ende der Kariben ein. – 1666: Erstes englisch-französisches Scharmützel um das strategisch günstig gelegene Miniatur-Archipel. – 1782: Schlacht von Les Saintes, eine der größten Seeschlachten aller Zeiten, endet mit dem Triumph der Royal Navy. – 1794: Bewohner Guadeloupes suchen vor der Revolution auf Les Saintes Zuflucht, insbesondere *Petits Blancs* aus der Bretagne und der Normandie. – 1816: Die Trikolore kehrt zurück.

Insel in Zahlen

Die 9 Inseln liegen 10 km vor der Küste Guadeloupes und sind zusammen nur 13 km² klein. Dort leben rund 3 100 Einwohner (jeder zweite unter 20 Jahre alt), fast alle auf der Hauptinsel Terre-de-Haut, die nur 5 km kurz und 2 km schmal ist. Die *Saintois* sind eine ungewöhnliche karibische Gemeinschaft, die aus Landmangel keine Plantagen betrieben und deshalb nur wenige Sklaven hielten. Die Nachkommen der bretonischen und normannischen Fischer und Bootsbauer haben so ihre helle Haut und manche Tradition erhalten. Man spricht Inselfranzösisch. – 220 Volt Stromspannung, französische Stecker.

Landschaft und Klima

Wer einen Morgenspaziergang macht, ist auf alle Fälle zum Mittagessen wieder zurück. Das Archipel ist zwar winzig, hat aber große Panoramen zu bieten. Mit jedem Schritt erreicht man einen neuen Aussichtspunkt. Der höchste, Le Chameau, liegt 309 m über dem Meer. Weil es malerisch, trocken und windig ist, kommen zahlreiche Besucher. Die Trockenzeit dauert von Januar bis April, feuchter ist es Juli bis November; die Vegetation besteht aus Agaven, Aloes und Kakteen.

Sehenswürdigkeiten

Man sieht Menschen mit bronzebraunem Teint, rotem Kraushaar und blaugrünen Augen. Ältere Insulaner tragen noch den *salako*, einen großen runden Ausgehhut. **Terre-de-Haut**, wie auch der einzige Ort der Insel heißt, hat einen hübschen Dorfplatz als Empfangszimmer und macht, wie der kurzbehoste Inselflic, einen aufgeräumten Eindruck. Das Fischerviertel liegt im Süden. Der serpentinenartige Aufstieg zum **Fort Napoléon** (Motorroller wird empfohlen) wird mit atemberaubenden Ausblicken belohnt. Im Museum steht noch der Rauch der Schlachten. Im Vorgarten des Monstrums weisen bizarre Kakteen in alle Richtungen. In den mit Muscheln geschmückten Gräbern des **Cimetière Rose** liegen ertrunkene Seeleute.

Reisedaten

Auskunft vgl. Inselinfos Guadeloupe.

An- und Abreise
Die Fähre von Guadeloupe (Abfahrt von La Darse, Pointe-à-Pitre, Trans' Antilles Express, ✆ 83 12 45, tägl. 8 Uhr) schaukelt durch 500 m tiefes Wasser in einer knappen Stunde nach Terre-de-Haut; von Trois-Rivières (Deher Frères, ✆ 99 50 68, Princesse Caroline, ✆ 86 95 83, tägl. 8 Uhr) dauert es nur halb so lange. Wer Geld für einen Flug übrig hat, spart noch mal eine Viertelstunde (mit Air Guadeloupe von Pointe-à-Pitre, ✆ 82 47 00, oder Terre-de-Haut, ✆ 99 51 23).

Essen und Trinken
Klein, aber fein: eine Inselspezialität ist die Kokosnußtorte *Tourment d'Amour* – die »Qual der Liebe«.

Festivals und Ereignisse
15. August: Patronatsfest Terre-de-Haut
16. August: *Fêtes des Marins-Pêcheurs* (Fest der Seeleute)

Geld
Bezahlt wird mit französischen Franc, Kreditkarten und in Hotels auch mit Euroschecks.

Reisen auf der Insel
Der Verkehr mit Motorfahrzeugen ist auf der Insel stark eingeschränkt, deshalb sollte man das Taxi bzw. den Platz im Minibus reservieren. Eine beschränkte Anzahl von Motorrollern wird am Anlegeplatz vermietet, ebenso Mountainbikes, außerdem düsen Minibusse der Hotels über die Hügel.

Sport
Für Schwimmer, Surfer, Schnorchler und Segler ist gesorgt. Am Landungssteg kann man sich auch Boote mieten.

Strände
Am **Pont Pierre** im Nordosten von Terre-de-Haut kostet der weiße Sand einen Franc Eintritt; ruhiges Wasser findet man auch an der **Anse du Figuier** und **Anse Crawen** (für FKK-ler reserviert) im Süden. Flach und kindergeeignet ist die **Baie du Marigot**; der Bilderbuchstrand schlechthin liegt am Vulkankegel **Pain de Sucre**. Hohe Wellen findet man am **Grande Anse** auf Terre-de-Bas.

Unterkunft
Es gibt 6 Hotels, aber die meisten Besucher haben eine Tagesrückfahrkarte.

Wichtige Telefonnummern
Polizei ✆ 99 53 77, Feuer ✆ 99 50 76
Ambulanz ✆ 99 51 76

Festung mit Stacheln: Fort Napoléon

Terre-de-Haut:

Bois Joli
Anse à Cointre
97137 Les Saintes
✆ 99 52 53, Fax 99 55 05
Familiäre Hotelanlage mit 8 Bungalows und 21 Zimmern am Wasser, mit Swimmingpool. Nach 10-Minuten-Bootstrip vom Pier erreichbar. $$$-$$$$

Le Village Créole
Pointe Coquelet
97137 Les Saintes
✆ 99 53 83, Fax 99 55 55
22 Doppelzimmer mit Kitchenette – Blick auf das Meer gehört zur Grundausstattung. $$$

Kanoa
Anse Marie
97137 Les Saintes
✆ 99 51 94, Fax 99 55 04
Kleine familiäre Anlage mit 8 Zimmern, 2 Apartments und 6 Bungalows direkt am Meer. $$$

Fort Napoléon
Tägl. 9–12.30 Uhr
Erbaut im 17. Jh., dann von den Engländern zerstört und im 19. Jh. wiederaufgebaut. In den Kasernen und Gefängniszellen wird über Seekriege und friedliche Fischerei informiert.

Le Jardin Créole
Hafencafé mit Balkonblick auf den Leuchtturm, La Soufrière auf Guadeloupe und einen Wald von Schiffsmasten. $

Le Relais des Iles
Route de Pont-Pierre
✆ 99 53 04
Fischrestaurant mit Terrasse. $$

Les Saintes – Archipel en miniature

Extratour

Marianne auf der Säule, Terre-de-Haute

Blick vom Fort Napoléon ▷

Die schaukelige Überfahrt nach Terre-de-Haut kann Landratten schon auf den Magen schlagen, wird aber mit dem herrlichen Panorama belohnt, das die neun winzigen vulkanischen Inseln vor der Küste Guadeloupes den einlaufenden Fährgästen bieten. Nur die beiden größten Inseln sind bewohnt. Deren Einwohner gehören zu einem speziellen Menschenschlag, einer Mischung aus Afrikanern und bretonischen und normannischen Einwanderern. Das sieht man am roten Kräuselhaar und den blaugrünen Augen in bronzefarbenen Gesichtern. Die Leute hier leben nicht schlecht von Fremden und von Fischen.

Hauptattraktion sind die schönen Strände und die zahlreichen Restaurants. Kaum haben sich die Ankömmlinge mit ihren umgehängten Strandbeuteln auf dem kleinen quadratischen Marktplatz von Terre-de-Haut verteilt, sind sie auch schon wieder in alle Inselecken verstreut, hocken auf dem Sitz eines Motorrollers, die man hier leihen kann, um so schnell wie möglich eine der berühmten Badebuchten von Terre-de-Haut zu erreichen.

Sehenswürdig ist das **Fort Napoléon**, und zwar nicht nur wegen des Museums, das Schiffsmodelle, Planken und Kanonenkugeln der großen Seeschlacht von 1782 ausstellt, oder wegen des Kakteengartens mit seinen skurrilen Pflanzen, die um die klotzige Festung herum gedeihen. Auch beim Auf- und Abstieg gibt es viel zu sehen. Immer wieder wechseln die Silhouetten des Mini-Archipels und des benachbarten Terre-de-Bas. ■

Die Insel gehört zu den Vereinigten Staaten. Das Hawaii vor der US-Haustür ist der wahrscheinlich am besten durchorganisierte Fleck in der Karibischen See. Trotz der überall sichtbaren nordamerikanischen Einflüsse und der ungebrochenen Bauwut, die langsam an ihre Grenze stößt, hat die winzige Insel durchaus ihre Reize – seien es die umliegenden Trauminselchen oder die Gassen der Hauptstadt. Daß im *American Paradise* das Preis-Leistungs-Verhältnis stimmt und die Geschäftsauslagen überquellen, ist ebensowenig zu unterschätzen wie die legere Atmosphäre und die Nähe zu anderen Inseln.

Inseldaten

Geschichte

1666: Als verspätete Kolonialmacht gründen die Dänen eine Siedlung, aus der Charlotte Amalie wird (nach König Christians Frau). – Im 18. Jh. entwickelt sich die Insel zuerst zum Tummelplatz der Piraten und später unter der Danish West India Company zum führenden Sklavenhandelsplatz. – 1792: Verbot des Sklavenhandels, der aber noch bis 1848 andauert. – 1801: Erstes englisches Intermezzo. – 1804: Erster von zahlreichen Großbränden (danach strikte Bauvorschriften). – 1807: Zweites englisches Intermezzo. – 1825: Katastrophenjahr mit Hurrikan, Feuer und Erdbeben. – 1840: Der Hafen versorgt Dampfschiffe mit Kohle (Hauptquartier vieler Schiffslinien). – 1850: Niedergang nach Cholera-Epidemie. – 1867: Flutwelle zerstört Charlotte Amalie und Hafen. – 1917: Die USA kaufen die Virgin Islands. – 1930: Die Insulaner können sich mit der Prohibition nicht anfreunden. – In den vierziger Jahren wird St. Thomas Ferieninsel.

Insel in Zahlen

Die 72,5 km² große Insel liegt mit St. John 56 km nördlich von St. Croix und 1 750 km südöstlich von Florida zwischen Atlantischem Ozean und Karibischem Meer. Sie ist zehnmal so dicht besiedelt wie St. John. – Von den 50 000 Einwohnern stammen die meisten von den Sklaven ab, dazu kommen »Gastarbeiter« von den ärmeren British Virgins, reiche Amis, Europäer oder Araber mit Ferienvillen und ein paar Studenten an der Universität. – **Charlotte Amalie** (15 000 Einwohner) ist die **Hauptstadt der US Virgin Islands**. – Verkehrssprache ist Englisch, daneben Kreolisch mit dänischen, französischen, spanischen und afrikanischen Einsprengseln. – Strom: 120 Volt/60 Hz. – Alles dreht sich um die Gäste, von denen zwei Drittel der Inseleinnahmen stammen. – Die Arbeitslosenrate liegt unter 3 % und ist damit für die Kleinen Antillen ebenso untypisch wie der durchschnittliche Jahresverdienst von 11 000 US $.

Landschaft und Klima

Vor allem an der Westecke mit zerklüfteten Felsen und auf den vorgelagerten Inseln hat die Natur noch Rückzugsecken. Die Temperaturen schwanken zwischen 24 ° und 32 °C. Die Wassertemperatur erreicht maximal 25 °C und fällt nie unter wohlige 20 °C Sommertemperatur. 130 cm Regen fallen im Jahresdurchschnitt.

Touren/Wandern

Wanderwege gibt es auf St. Thomas nicht.

Sehenswürdigkeiten

Charlotte Amalies historische Gebäude sind beeindruckend und lassen die bewegte Geschichte ahnen, über die man zusätzlich in der Enid M. Baa Library and Archive (Main St.) etwas erfahren kann. Rundfahrstrecken wie der Skyline Drive (Route 40) garantieren erhebende Augenblicke. Vom Hafen aus startet ein *Atlantic Submarine* in die Tiefe.

Reisedaten

Auskunft

United States Virgin Islands Division of Tourism
Otto-Hahn-Str. 23
50997 Köln
✆ (02236) 84 17 43, Fax 4 30 45

Tourist Information/Visitors Bureau
P.O. Box 6400
Tolbod Gade (gegenüber Emancipation Garden)
Charlotte Amalie, US Virgin Islands 00804
✆ (089) 774-8784, Fax 774-4390

An- und Abreise

Der Reisepaß genügt (bis 90 Tage). Von Deutschland aus muß man in Antigua auf kleinere Maschinen umsteigen, obwohl auf Cyril E. King Airport, 4 km vor der Stadt, auch große Brummer landen können. Zwischen St. Thomas und St. Croix fliegen mehrmals täglich kleinere Maschinen; ein Shuttle Service per Wasserflugzeug verkehrt dreimal täglich zwischen Charlotte Amalie und St. Croix. Per Schiff erreicht man die Insel von St. John aus in nur 20 Minuten.

Einkaufen

Auch wenn die Qualität etwas abgenommen hat, gilt der Warenberg immer noch als touristischer Trumpf, vor allem wegen der Zoll-

St. Thomas in Festbeleuchtung

freiheit für Uhren, Kameras, Lederwaren usw. Auch lokales Kunsthandwerk wird angeboten, z.B. in der **Straw Factory** (2a Garden St.) oder bei den **Down Island Traders** (Waterfront und Bakery Sq.).

Essen und Trinken
Es gibt Burgers und Fritten reichlich, aber auch exzellente Alternativen, z.B. in den Hotels (vgl. Infos 7. Route) wie:

Seagrape
Sapphire Beach Resort
Route 38
✆ 775-6100
Offenes Strandrestaurant mit origineller Karte. $$$

Festivals und Ereignisse
20. Februar: *Presidents' Day*
April: Rolex Cup Regatta
Nach Ostern: Karneval
Letzter Montag im Mai: *Memorial Day*
Juni: *Children of the Caribbean Dance Performance*
Mitte Juni–Mitte Juli: *French Heritage Week* (Veranstaltungen zum französischen Inselerbe)
4. Juli: *Independence Day* (amerikanischer Unabhängigkeitstag)
August: *Blue Marlin Tournament* (Wettbewerb der Hochseeangler)
1. Montag im September: *Labor Day*
2. Montag im Oktober: *Columbus Day*
11. November: *Veterans' Day*
3. Donnerstag im November: *Thanksgiving*
25. Dezember: Weihnachten

Nachtleben
Abends sollte man in Charlotte Amalie nicht alleine ausgehen, denn mit dem Geld kamen auch die Drogen und die Beschaffungskriminalität. – Kulturveranstaltungen finden im **Reichhold-Zentrum** der Universität statt. Im **Pistarckle** (Coral World) wird Theater gemacht. *Calypso Carnival Shows* finden zweimal pro Abend (außer So) im **Frenchman's Reef Hotel** statt. Wer tanzen will, geht in den **Club Z**.

Presse/Radio/TV
Es gibt zwei Tageszeitungen (»Daily News« und »Stateside«) und diverse US-Blätter. »St. Thomas This Week« informiert kostenlos über Veranstaltungen. Der Äther ist voll mit Musik- und Community-Kanälen. Dem öffentlichen TV-Channel 12 steht eine Unzahl privater Kabelkanäle gegenüber.

Reisen auf der Insel
Obwohl die Autos das Steuer links haben, wird merkwürdigerweise auch links gefahren, und zwar maximal 20 mph (32 km/h) in der Stadt und 35 mph (56 km/h) auf der Landstraße. Hinter Schulbussen wird gehalten. Taxis stehen überall. Gebühren sind gesetzlich festgelegt. Das Bussystem, z.B. aus der Stadt zum Flughafen oder von Red Hook in die Stadt, funktioniert.

Sportmöglichkeiten
Tiefseefischen in *premier fishing grounds* (Wettbewerbe Juli–Oktober, reservieren über Tourist Board oder St. Thomas Sport Fishing Centre, ✆ 775-7990; Segeln (z.B. Charteryacht League, Homeport, St. Thomas, ✆ 774-3944; Bootfahren (von Red Hook aus), Tennis (in vielen Hotels, z.B. Stouffer Grand Resort); Golf (Mahogany Run mit 18 Löchern und Profishop, ✆ 775-5000; Tauchen (siehe Essay) und Schnorcheln (z.B. Coki Beach, Secret Harbour).

Strände
Sie haben die Auswahl: 44 Badebuchten von der **Lindbergh Bay** im Westen bis zu **Sapphire Beach** im Osten. Tip: den ruhigen **Limetree Beach** mögen auch die Leguane.

Unterkunft
Zimmer sind ausreichend vorhanden. Man kann z.B. über die St. Thomas/St. John Hotel Association, ✆ 774-6835, buchen. (Vgl. Infos 7. Route.)

Wichtige Telefonnummern
Polizei ✆ 915
Feuer ✆ 921
Notarzt ✆ 922, Krankenhaus ✆ 776-8311

7. Route: St. Thomas/ Charlotte Amalie – Magens Bay – Coral World und zurück (35 km)

Vormittag	Auf dem breiten Veterans Drive geht es von Charlotte Amalie aus zunächst Richtung Flughafen, dann hinter »Nisky Centre« rechts abbiegen und auf der schmalen Crown Mountain Rd. um denselben herumfahren (R 33); Stopp am **Mountain Top** (ist ausgeschildert). Nach einem Links-rechts-Haken auf der R 35 Probesitzen am **Drake's Seat** und weiter zur Magens Bay. Auf Mahogany Run, Mandal und Smith Bay Rd. (R 42/R 388) zur **Coral World**.
Nachmittag	Auf direktem Wege führt die R 38 zurück nach **Charlotte Amalie**: Spaziergang vom **Fort Christian** über die Kirke Gade zur **Frederick Lutheran Church**, zum **Government House** und **Blackbeard's Castle**, dann über Kongens und Crystal Gade zum Market Square. Auf der **Dronningens Gade** ist *shopping time*. Am Abend gute Aussichten vom **Paradise Point**.

7. Route – Informationen: St. Thomas — Vorwahl: ✆ 809

Grand Palazzo Hotel
6900 Great Bay Estate Nazareth
St. Thomas 00802
✆ 775-3333, Fax 775-4444

Viel Marmor! Die Luxusabsteige im Stil eines italienischen Renaissancepalastes mit Pool, Tennis, Fitneßcenter usw. wird von Prominenz bevölkert. Im Restaurant

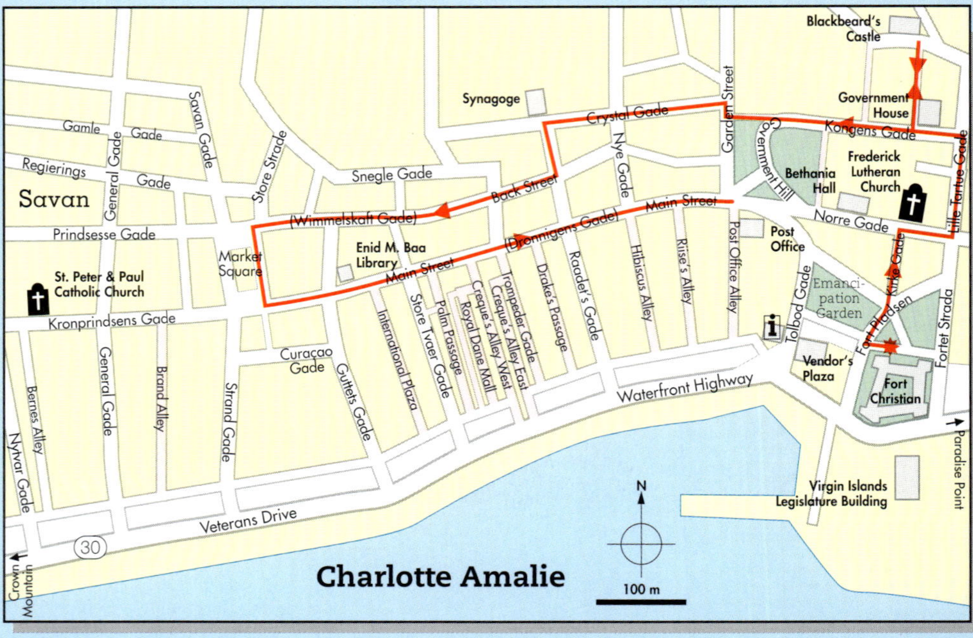

genießt man einen 180-Grad-Blick über die Anlage und das Meer. $$$$$

Malofie Hotel
P.O. Box 1506, St. Thomas 00804
Malofie Rd.
✆ 774-2790, Fax 774-4091
23-Zimmer-Haus mit unschlagbarer Aussicht. $$$

Stouffer Grand Beach
P.O. Box 8267, St. Thomas 00801
Smith Bay Rd.
✆ 775-1510, Fax 775-2185
Die flache, an eine Bucht geschmiegte 297-Zimmer-Anlage, an deren 300 m langem Strand auch Reiher fischen, kostete 55 Mill. Dollar. Sport und Entertainment komplett; Kinderfeste inklusive. $$$$$

Blackbeard's Castle
P.O. Box 6041
Charlotte Amalie, St. Thomas 00804
✆ 776-1234, Fax 776-4321
Restaurant Mo–Fr 11.30–14.30, Di–Do 18.30–22.30 Uhr
Kleines Hotel mit dickem Turm und leichter, guter Küche. $$$$/$$

Mountain Top
St. Peter Mountain
✆ 774-2400
Tägl. 9–18 Uhr
Nur 50 *feet* niedriger als Crown Mountain (1556 f = 474 m): Ladenzeile für Kaufentschlossene. Restaurant mit Weitwinkelblick über das Segler- und Taucherparadies.

Drake's Seat
Was kümmert den Esel, der hier angepflockt ist, daß Ende des 16. Jh. während des unerklärten karibischen Krieges Franzosen und Briten spanische Schiffe attackierten und Städte plünderten? Sir Francis Drake, mit allen Ozeanwassern gewaschener Staatspirat, der den Katholiken nichts gönnte, brachte auf diese unfeine englische Art schließlich das spanische Weltreich zum Einsturz. Die

Seeräuber und Korsaren mußten ihre angeblich romantischen Abenteuer in unserem Jahrhundert noch einmal durchleben. Schuld daran waren Leinwandhelden wie Errol Flynn und Filmregisseure wie der Italiener Primo Zeglio, der 1961 in »Pirat der sieben Meere« auch Drakes Leben ein Denkmal auf Zelluloid setzte.

Magens Bay
Ruhiges Wasser. Schnorchelverleih und sonstige Strandannehmlichkeiten.

Coral World
Coki Point
Tägl. 9–18 Uhr
✆ 775-1555, Fax 775-9510
Unterwasserobservatorium. Aus einer Sauerstoffkammer direkt auf dem Riff kann man das Leben dort beobachten oder mit einem Unterwasserboot durch die Bucht fahren, die allerdings durch den letzten Hurrikan etwas mitgenommen ist. Außerdem gibt es auf dem 2 ha großen Areal verschiedene Schaubecken, z.B. einen Streichelteich. Man kann am benachbarten Coki Beach baden und später wiederkommen (Coki Beach Dive Club, ✆ 775-4220, Tauchen und Schnorcheln); die Schließfachgebühr ist im Preis enthalten. Beim Lunch im **Waterfront Restaurant** sieht man das Meer von oben.

Eunice's Terrace
Smith Bay Rd.
✆ 775-3975
Mittags und abends geöffnet
Westindischer Lunch im Holzhaus. $$

Charlotte Amalie:

Gegründet 1672 (15 000 Einwohner), heute Hauptstadt der US Virgin Islands. Besteht aus einem alten Geschäftszentrum mit ehemaligen Lagerhäusern, die als Läden genutzt werden, bourgeoisen Wohnhügeln (Denmark und Government Hill) sowie den

Government House in Charlotte Amalie

Schwarzenquartieren Savan und East Savan. Wuchert nach allen Seiten.

Tourist Information/Visitors Bureau
Tolbod Gade (gegenüber dem Emancipation Garden)
© 774-8784, Fax 774-4390
Darin **Hospitality Lounge**, Mo–Sa 9–17 Uhr, mit Gepäckraum, Telefon und Helfern.

Fort Christian
Erbaut 1678, als Christian V. in Kopenhagen König war. Ältestes Gebäude der Insel, das alle Hurrikane und Feuersbrünste überlebt hat; in den letzten Jahren restauriert. Nur wenige besuchen das **Virgin Islands Museum** (Mo–Fr 8.30–16.30, Sa 9.30–16 Uhr), in dem man etwas über Geschichte und Geographie der drei US-Jungfrauen erfährt.

Legislature Building
Mo–Fr 8–17 Uhr
Die apfelgrüne Ex-Kaserne (1874) beherbergt den Inselsenat (15 gewählte Mitglieder). Hier bekamen 1917 die Dänen ihren Scheck, bevor die Yankees feierlich ihre Stars & Stripes aufziehen durften.

Frederick Lutheran Church
Norre Gade
Kirche der »zweitältesten lutherischen Gemeinde der Welt«. Einer der ersten Dänen, die 1666 nach St. Thomas kamen, war Pastor. Das Gebäude stammt aus dem Jahre 1793, wurde im 19. Jh. mehrmals zerstört und (zuletzt hurrikansicher) wiederaufgebaut.

Government House
21–22 Kongens Gade
© 774-0001
Ein imposantes neoklassizistisches Gebäu-

Markt in Charlotte Amalie

de (1865–87). Unter vielen heroischen Gemälden sind auch zwei von Camille Pissarro, dem bedeutenden Impressionisten (1830–1903), der auf St. Thomas geboren wurde.

Patty King
Al Cohens Mall, gegenüber Havensight Mall
Typischer Selbstbedienungsimbiß, in dem man für ein paar Dollar satt wird. $

Victor's New Hideout
Sub Base
✆ 776-9379
Mo–Sa Lunch 11–16, Dinner 17.30–22 Uhr
Fisch mit Hafenblick. $$

Hotel 1829
Government Hill
✆ 776-1829, Fax 776-4313
Di–So 18–22.30 Uhr
Überranktes Kolonialhaus, dessen Veranda Stadt und Hafen unter sich hat. Kräftige Steaks für *Continentals*. $$

Zorbas
Government Hill
✆ 776-0444
Lunch 11–17, Dinner 18–22 Uhr
Café-Taverne mit griechisch-amerikanischer Allroundküche. $

Donna's Place
Garden St.
Imbiß zwischen Körben und Postkarten. $

Synagoge
Crystal Gade
Mo–Fr 9.30–16 Uhr
Die älteste amerikanische jüdische Gemeinde wurde 1796 gegründet. Im Innern des stilvollen Gotteshauses (1833) sind noch viele sakrale Gegenstände erhalten, z.B. eine tschechische Torah-Rolle von 1771.

Palm Passage
Kitsch und Kunst in der Joanna White Gallery, Modisches von Cardin bis Dior in Janine's Boutique, Ledernes im Sun of the Orient oder Schmuckes im Red Fort. Man kann sich aber

Charlotte Amalie: Synagoge von 1833

auch einfach vor dem Chuys Courtyard Café (Mo–Sa 7–15 Uhr) unterm Sonnenschirm faul in den Sessel plumpsen lassen.

L'Escargot
Sub Base
✆ 774-6565
Mo–Sa Lunch und Dinner
Ältestes Inselrestaurant (Frenchtown) mit kreolisch-französischer Küche. $$$

Paradise Point
Flag Hill (Straße gegenüber Eingang zur Havensight Mall am Kreuzfahrtschiff-Kai)
Wer pünktlich um 16.30 Uhr da ist, kriegt die dreifache Festbeleuchtung von Kreuzfahrtschiffen, Stadt und Firmament garantiert mit.

The Bar
Paradise Point
✆ 777-4540
Große Terrasse. Karte von Hamburger bis Hummer. $$

7

American Paradise
St. Thomas – Schaufenster der Kleinen Antillen

St. Thomas ist die beliebteste Insel der Kleinen Antillen, jedenfalls wenn man die Anzahl der Besucher und Neubürger als Votum nimmt. Dabei ist sie zugleich auch eine der kleinsten. Was liegt also näher, als sich auf kurzem Wege einen Überblick zu verschaffen. Auf St. Thomas ist nichts leichter als das – einmal weil die Insel eigentlich nur aus einem einzigen langgezogenen Vulkanrücken besteht, zum anderen aufgrund des bestausgebauten Straßennetzes der Karibik, dessen Asphalttentakel in den letzten Winkel reichen.

Der höchste Punkt auf St. Thomas ist mit 474 Metern der **Crown Mountain**. Die Straße, die den Gipfel umschnürt, bietet Einblicke in das weniger erschlossene **West End**. Auf der gezwirbelten Route merkt man schnell, daß hinter jeder zweiten Kurve eine Einfahrt abzweigt, die zu einem Privatanwesen oder einem Hotel gehört. Ihre dichte Besiedlung trug der zerklüfteten Ferieninsel auch den Namen »Rock City« ein. Die Einwohnerzahl hat sich in den letzen 20 Jahren fast verdoppelt auf nun etwa 50 000. Drei von vier Insulanern sind nicht hier geboren; dabei stellen nicht die dollarschweren Zuzügler aus den Staaten das Gros der Neubürger, sondern schwarze Gastarbeiter aus der armen Umgebung. Eine minimale Arbeitslosenquote macht das Urlaubsparadies zur gelobten Insel. Sie ist ein Luxusdampfer mit schwarzem Personal im Unterdeck. *American way of holiday*.

Am Ende des 16. Jahrhunderts war St. Thomas noch ein exklusives Vergnügen. Nur etwa 300 Leute lebten auf der Insel, je zur Hälfte schwarz und weiß. Das Eiland, das damals Dänemark gehörte, galt den Seeleuten lange als das *tap hus*, die Bierhalle, der Karibik. Auf den Kleinen Antillen traf sich damals der »Abschaum« Europas, Verbrecher und gescheiterte Existenzen, die hier ihrer Vergangenheit entkommen und schnelles Geld machen wollten. Auch die Gouverneure trugen das Ihre zum schlechten Ruf bei. Auf St. Thomas trieben beispielsweise die legendären Gebrüder Esmit unverhohlen Handel mit dem Diebesgut der »Freebooters«, Piraten, die damals die ganze Gegend unsicher machten. Als sich

Dämmerstunde im Hafen von Charlotte Amalie

England bei der dänischen Regierung über die Gebrüder beschwerte, schickte die einen neuen Gouverneur. Doch der Ersatzmann übernahm nicht nur die miesen Methoden, sondern erklärte sich auch gleich unabhängig von Kopenhagen. Erst ein Kriegsschiff der königlich dänischen Marine brachte ihn schließlich zur Raison.

Der **Mountain Top** ist im Falle des **St. Peter Mountain** ein Supermarkt. Und da dieser auch noch eine **Mountain Top Bar** hat, ist der Berg Spitze. An der Theke kann man am *banana daiquaris* nippen und dabei durch große, blankgeputzte Scheiben auf **Magens Bay** hinunterschauen. Die Badebucht gehört laut »National Geographic«, dem Zentralorgan für Weltenbummler, in die Top-Ten der schönsten Strände. Das Lagunen-U eignet sich nicht nur für gehobene Badefreuden, auch ein Waldspaziergang auf die Halbinsel **Peterborg** ist durchaus zu empfehlen. Da wächst allerlei exotisches Buschwerk, wie Cashew oder ein stacheliger Baum, den die Einheimischen vielsagend *monkey-don't-climb* nennen. Die felsige Atlantikseite bevölkern Legionen von Einsiedlerkrebsen, auf die sich Reiher und Seeschwalben stürzen.

Noch ein Weitblick: Auf **Drake's Seat** soll Englands berühmter Haudegen und Weltumsegler am liebsten Ausschau nach spanischen Silberschiffen gehalten haben. Heute kann man von der vielfrequentierten Warte aus statt dessen die Jachten beobachten, die zwischen dem Brudereiland **St. John** und dem menschenleeren **Hans Lollik Island** auf Törn sind. Das Kleinarchipel mit seinen vielen eingesprenkelten Inselchen wird nicht nur von Seglern geschätzt, sondern gehört auch zu den beliebtesten Tauchgründen der Virgin Islands.

Im übrigen muß man sich, um nahe an den Wundergarten der Korallen heranzukommen, nicht einmal die Füße naß machen. Im Observatorium von **Coral World** staunt man sieben Meter unter dem Meeresspiegel über defilierende Fischgesellschaften, die so farbenprächtig sind wie Schmetterlinge. In einem Großtank des Unterwasserzoos schaut man gefährlichen Räubern durch lupendickes Glas auf die Flossen. Stoische Stachelrochen und Haie umkreisen einander wie Schlachtschiffe.

Am Rand von **Charlotte Amalie** (sprich *Schalott Ammali*, mit Betonung jeweils auf der zweiten Silbe) stehen große Einkaufszentren, auf deren Parkplätzen Kofferräume vollgepackt werden. Obwohl die Hauptstadt der US Virgins auf amerikanischen Standard zugeschnitten ist, hat sie außer *cash and carry* noch mehr zu bieten. Hinter einer allzu großspurig zugepflasterten *waterfront* verbirgt sich viel historische Substanz. Dazu gehört das **Fort Christian**, eines der wenigen Forts der Kleinen Antillen, bei dem noch alle vier Wände stehen. Hinter seinen rostroten Mauern verbüßten bis vor einigen Jahren Gesetzesbrecher ihre Strafe. Auf der anderen Straßenseite im **Legislature Building** wird seit Jahren streng auf Recht und Gesetz geachtet.

Nicht erst seit die Dollartouristen die Virgin Islands entdeckten und sie kurzerhand zum *American Paradise* erklärten, werden hier gute Geschäfte gemacht, schon in dänischer Zeit galt die Insel als wohlhabend. Eigentlich erstaunlich bei der Vielzahl der Naturkatastrophen, die St. Thomas immer wieder heimsuchten, darunter nicht nur furchtbare Hurrikans und Erdbeben, sondern auch meterhohe Wellen von See her, die mit zerstörerischer Wucht über Charlotte Amalie und den Hafen rollten. 1825 schlugen gleich drei Naturgewalten hintereinander zu: ein Hurrikan, ein Erdbeben und ein Großfeuer. Im Jahr darauf brannte die noch nicht ganz wiederaufgebaute Stadt abermals nieder.

Daß es mit St. Thomas bereits im frühen 18. Jahrhundert wirtschaftlich steil bergauf ging, hatte nicht zuletzt politische

Kolonialkanone im Fort Christian

Gründe. Damals waren sämtliche europäischen Nationen in die spanischen Erbfolgekriege verstrickt – mit Ausnahme der Dänen. Das machte Charlotte Amalie zum einzigen neutralen Hafen der Region. Auch wegen der strategisch günstigen Lage und des großen Naturhafens entwickelte sich Kopenhagens tropischer Außenposten in der Folgezeit zum karibischen Handelshaus. Zu den gewinnträchtigsten Waren zählten Sklaven aus Afrika. Zwar hatte Dänemark bereits 1792 als erstes Land die Sklaverei verboten, aber den drangsalierten Afrikanern, die man in Charlotte Amalie wie Tiere von Bord trieb, nützte das wenig. Denn Schiffe aller Herren Länder entluden hier ihr »Ebenholz«, wie man die menschliche Ware verschämt nannte. Die fremden Händler scherten sich nicht um die Order aus Kopenhagen. Auch Deutsche mischten mit. Die Danish Westindia Company hatte einen Vertrag mit dem Herzog von Brandenburg.

Emancipation Garden, ein Stückchen Grün zwischen Festung und Postamt, wo bei sonntäglichen Platzkonzerten schon mal die amerikanische Nationalhymne angestimmt wird, erinnert an den 3. Juli 1848, den Tag, an dem die Sklaven ihre Ketten endgültig loswurden. Auf der **Kirke Strade** gelangen wir unter schattigen Bäumen zur kleinen **Frederick Lutheran Church**. Wer Vorgarten und Freitreppe hinter sich gelassen hat, steht in einem dunklen Raum, in dem es statt Kirchenbänken lauter hölzerne Kästen gibt – Dutzende von Betzellen für das einsame Zwiegespräch mit Gott.

Auf St. Thomas herrschte Glaubensfreiheit. Ob Anglikaner, Reformierte, Juden oder Katholiken – die religiöse Toleranz lockte neue Siedler auf die Insel. Solche Offenheit war wiederum eine Voraussetzung dafür, daß St. Thomas zur Tauschzentrale der Ostkaribik werden konnte. Allzu züchtig kann es aber trotz der vielen Gotteshäuser nicht zugegangen sein. Denn »der Reichtum, mit dem St. Thomas überschüttet wird, bringt auch den Luxus und das Laster in erschreckendem Maße mit sich«, klagte damals ein besorgter Zeitgenosse.

Links vom Kirchhof steht **Bethania Hall**, ein eher schlichtes Gebäude, aber ein gutes Beispiel für die stabile, feuerfeste Bauweise, wie sie nach den großen Bränden strikt vorgeschrieben war. Das Eckhaus zur Rechten, ein koloniales Wohnhaus, stammt aus derselben Zeit. Man beachte den typischen gußeisernen Balkon im ersten Stock. Auf **Government Hill**, einem exklusiven Wohnhügel, auf dem zahlreiche Treppen die hohen Niveauunterschiede überwinden, sind solche Privattribünen Standard. Das **Government House** kann sogar zwei Balustraden vorweisen. Seine klare Architektur wird noch unterstrichen durch den scharfen Kontrast der Farben: das strahlende Weiß der Fassade, das Schwarz der Dienstlimousinen, die grünen Palmen und der rote Regierungsteppich.

In der Eingangshalle können anhand der Gouverneursliste die Besitzerwechsel nachvollzogen werden. 1801 war St. Thomas für zehn Monate von den Engländern besetzt, die sechs Jahre später noch einmal wiederkamen, jedoch im Jahre 1815 die Insel gegen das damals dänische Helgoland eintauschten. Ein Jahrhundert darauf, die alten Kolonialmächte hatten den ersten Weltkrieg angezettelt, kauften die Vereinigten Staaten die drei dänischen Jungfern (St. Thomas, St. John und St. Croix) für 25 Millionen Dollar, damals eine stolze Summe, die jedoch im nachhinein als Schleuderpreis erscheint.

Urlaub wollten die Yankees auf den Inseln nicht machen. Der US-Regierung waren Pläne des Deutschen Reiches zu Ohren gekommen, das seine Panzerkreuzer hier parken wollte. Ehe man dem Kaiser erlaubte, seine Kanonenboote ausgerechnet in Schußweite zum eben eröffneten Panamakanal in Stellung zu bringen, zückte Washington lieber die Brieftasche.

Ein kurzer Treppenaufstieg nach **Blackbeard's Castle**, einem 300 Jahre alten Aussichtsturm, heute noble Herberge und Speisezimmer, führt vorbei an eleganten alten Wohnhäusern und Gärten. Wieder zurück auf **Kongens Gade**, bietet das **Hotel 1829** die Gelegenheit, stilvoll den Lunch einzunehmen. Wem ein erfrischender Milchshake und ein Sandwich auf die Hand genügen, ist im Imbiß in der **Garden Street** gut bedient. Gleich um die Ecke steht eine **Synagoge**. Die jüdische Gemeinde auf St. Thomas wurde 1796 gegründet. Unter den Kaufleuten, die den riskanten Handel mit den neuen Kolonien betrieben, waren zahlreiche Juden. Im Inneren des Gotteshauses schimmern die goldenen Kronleuchter im Kerzenlicht. Daß das 1833 erbaute Gebäude vollständig in seinem Orginalzustand erhalten blieb, liegt am hurrikansicheren Holzskelett, das durch die Ziegel nur verdeckt ist.

Je weiter wir uns dem Westteil der Stadt nähern, desto bescheidener werden die Häuser. Hinter dem **Market Square** liegt **Savan**, ein Viertel, das 1765 für freie Schwarze angelegt wurde und in dem die einheimische Kultur bis heute eine Basis hat. Hier wohnt das echte St. Thomas, im Gegensatz zu den *Continentals*, wie alle Nordamerikaner genannt werden, ob sie nun auf der Insel wohnen oder nicht.

Charlotte Amalies Sklavenmarkt war einer der größten der Karibik. Die zum Verkauf stehenden Frauen und Männer mußten zuerst auf einen Tisch oder ein Faß steigen, damit man sie begutachten konnte. Nachdem sie der Kunde angefaßt hatte, um sich vom Gesundheitszustand zu überzeugen, handelten Kapitän und Pflanzer den Preis aus. War man sich einig, wurden den Neuerwerbungen wie beim Vieh die Initialen des Herrn mit glühenden Eisen eingebrannt. Danach gab man ihnen christliche Namen. Christianisierung und Kolonisierung waren zwei Seiten derselben Medaille. Die Kirche stand auf der Seite der Peiniger, mit wenigen Ausnahmen. Im Jahre 1732 ließen sich auf St. Thomas zwei deutsche Missionare als Sklaven verkaufen, um das Evangelium in Solidarität mit den Unterdrückten zu verkündigen.

Auch in der **Dronningens Gade** (oder Main Street) entdeckt man das historische Charlotte Amalie erst auf den zweiten Blick. Es ist verhängt durch Tausende von T-Shirts, die beliebtesten Billigsouvenirs der Touristen von den Kreuzfahrtschiffen, die mehrmals täglich in Kompaniestärke in das Einkaufsviertel einfallen. Viele der alten Speicherhäuser sind gut erhalten.

Das System der Gassen und Passagen hat ein einmaliges Ambiente, das auch diejenigen ansprechen wird, die angesichts einer scheinbar endlosen Kette von Auslagen nicht in einen Konsumrausch verfallen. Schön rosa sieht die **Palm Passage** aus, nur für Schlanke ist die handtuchschmale **Creque's Alley** geeignet, und im feinen Restaurant **L'Escargot** wird an den freigelegten Mauerbögen die solide Konstruktion der alten Speicher sichtbar.

Der richtige stimmungsvolle Abschluß des karibischen Tages, wo sollte er sonst stattfinden als auf dem **Paradise Point**? Von dort kann man cocktailtrinkend abwarten, bis unten pünktlich zur Dämmerstunde die Lichter angeknipst werden. ■

Luftige Bar: eine der zahlreichen Theken auf den US Virgin Islands

ST. JOHN – INSELINFOS

int. Vorwahl: ✆ 001-809

Einst ein stilles indianisches Eiland, später eine produktive Zuckerfabrik, die nach dem Bankrott wieder verfiel und schließlich durch die Ränke der Geschichte zum Reservat erklärt wurde, ist St. John heute das natürliche zweite Gesicht in Blickweite zum großen Bruder St. Thomas.

Inseldaten

Geschichte

1493: Kolumbus trifft *Amerindians* auf den Virgin Islands und erklärt sie zu Spaniern. – 1694: Die Danish West Indian Company erklärt sie zu Dänen. – 1717: 42 Leute gründen ein Dorf auf St. John. Nach und nach entstehen über 100 Zuckerrohrplantagen. Die Insel hat keine Bäume mehr, dafür Tausende Sklaven. – 1733: Sklavenaufstand (100 Jahre vor der Emanzipation). – Niedergang der Zuckerindustrie im 19. Jh. – 1867: Die USA lehnen erstes dänisches Verkaufsangebot ab. – Um 1900 ist ein Drittel des Bodens bebaut. – 1917: Durch den Kauf der Virgin Islands sichern sich die USA den freien Zugang zum Panamakanal. – 1956: Der St. John National Park wird eröffnet.

Insel in Zahlen

Mit 52 km² etwa so groß wie Borkum; 8 km östlich von St. Thomas. Von den 3 500 Bewohnern leben zwei Drittel in und um Cruz Bay; mit 67 Einwohnern pro km² ist die Insel trotz der Bevölkerungszunahme von über 60 % in den letzten 15 Jahren immer noch sehr dünn besiedelt. – St. John ist komplett auf Fremdenverkehr eingestellt. Das alte Kreolisch wird heute nur noch in Universitätsseminaren auf St. Thomas gesprochen. – Strom wie in den USA 120 Volt/60 Hz.

Landschaft

Die hügelige Insel hat eine gezackte Küstenlinie. Der Nationalpark umfaßt mehr als die Hälfte der Fläche und noch ein paar tausend Hektar Meer. 160 Vogelarten gibt es heute auf der Insel. Viele Pflanzen, z.B. Mangos aus Indien, sind ebenso importiert wie zahlreiche Tierarten von der Ratte bis zum Mungo, der die Leguane bedroht. Die angefressene Nordostküste mit den Nachbarinseln im Hintergrund bietet eine romantische Szenerie. Das Klima ist prima: 24 bis 28 °C. Hurrikane drohen von Juni bis Mitte Dezember.

Touren/Wandern

Die 22 markierten Routen durchs Naturschutzgebiet (von 10 Minuten bis 4 Stunden) können alleine oder mit Begleitern des Tourist Board durchgeführt werden. Etwas abzureißen oder mitzunehmen ist genauso verboten wie Wasserski zu fahren. Im Park patrouillieren Ranger. Man kann sich auch von Booten abholen lassen.

Sehenswürdigkeiten

Vgl. 8. Route.

Reisedaten

Auskunft vgl. auch St. Thomas-Inselinfos.

i **Division of Tourism Visitor's Bureau**
P.O. Box 200
Henry Samuel St.
Cruz Bay Park, St. John 00830
✆ 776-6450

i **V.I. National Park Visitor's Center**
Nordseite von Cruz Bay
Mo–Fr 8–16.30 Uhr
✆ 776-6201
Hier gibt es Karten, Bücher und Beratung. Wenn Sie Glück haben, treffen Sie Lito

Inselmuseum St. John

Valls, das wandelnde Geschichtsbuch der Virgin Islands. Man kann Wanderungen (mit Führer) buchen; wöchentlich wird ein zweistündiger kostenloser Schnorchelkursus in der Cinnamon Bay angeboten.

An- und Abreise
Fähren kommen von Charlotte Amalie und Red Hook (Information © 776-6111).

Einkaufen
Diverses karibisches Angebot im Wharfside Village oder Mongoose Junction.

Essen und Trinken
Von der Sushi-Bar bis zum Big-Mac-Tresen; Restaurant-Tips finden Sie bei den Infos zur 8. Route.

Festivals und Ereignisse
Offizielle amerikanische Feiertage wie auf St. Thomas.

Vor dem 4. Juli, dem Unabhängigkeitstag: Karneval

Nachtleben
Termine kleben an den Bäumen. Aber nicht allzu häufig. Im **The Club Grille** gibt's Essen und Unterhaltung live. In der Disco **Fred's** wird Calypso und Reggae gespielt (Mi und Fr).

Presse/Radio/TV
Die lokalen »Tradewinds« erscheinen vierzehntägig. Die »V.I. National Park News« sind frei.

Reisen auf der Insel
Taxis, Auto- und Mopedvermietung in Cruz Bay (Kreditkarte nicht vergessen); 20 mph (32 km/h) sind das Höchste; Linksverkehr.

Sportmöglichkeiten
Naturgemäß wird rund um die Insel geschnorchelt (Trunk Bay ist gut für Anfänger, freier Einführungskurs am Strand, Kontakt National Park). Aber es wird trotz Bratofenhitze auch der Tennisschläger geschwungen (Hyatt Regency und Caneel Bay Hotels). An Cinnamon Bay herrschen gute Surfwinde (Mietbretter).

Strände
Die Badebuchten sind traumhaft und oft wenig bevölkert (siehe Infos 8. Route). Meist muß man Essen selbst mitnehmen. Die **Francis Bay** ist bekannt für ruhiges Wasser und Schildkrötenbesuche. Von hier aus Wanderungen zum Salt Pond.

Unterkunft
Es gibt eine gute Auswahl vom Superluxushotel über die bescheidene Privatpension bis zur Herberge und zum Campingplatz. Vermietung von Häusern über St. Thomas/St. John Hotel Association, P.O. Box 2300, © 774-6835.

Wichtige Telefonnummern
Notarzt © 922
Polizei © 915

8. Route: **St. Thomas/St. John**/ Cruz Bay – Annaberg Plantation und zurück (20 km)

Vormittag	Mit der Fähre nach **St. John** übersetzen; von **Cruz Bay** auf der North Shore Rd. (20) gen Osten nach **Annaberg** passiert man Prachtbucht auf Prachtbucht.
Nachmittag	Von der **Annaberg Plantation** zurück zur Straße 20 und dann auf hohem Niveau der Centerline Rd. (10) zum Ausgangspunkt des **Reef Bay Trail** (will man sich per Boot abholen lassen, muß man das vorher im Visitor's Bureau vereinbaren); ansonsten mit dem Auto auf der Centerline Rd. zurück nach Cruz Bay.

Plan: Wenn Sie auf St. John wandern wollen, dann vergessen Sie nicht, passendes Schuhwerk, eine Flasche Wasser, Sonnenschutzcreme und Insektenmittel mitzunehmen.

8. Route – Informationen: St. Thomas/St. John — Vorwahl: ✆ 809

Redhook Ferry Dock/St. Thomas
Die Überfahrt mit der Fähre dauert etwa 20 Minuten; erste Fähre 6.30 Uhr, dann stündl. bis Mitternacht. Von Cruz Bay erste Fähre 6 Uhr, dann stündl. bis 11.15 Uhr. Von Charlotte Amalie dauert es doppelt so lange; erste Fähre 9 Uhr, dann bis 17.30 Uhr alle 2 Stunden, letzte 19 Uhr. Von Cruz Bay nach Charlotte Amalie ab 7.15 Uhr, dann bis 15.45 Uhr alle 2 Stunden, letzte 17.15 Uhr.

Caneel Bay
P.O. Box 720
St. John 00831
✆ 776-6111, Fax 776-2030
Mitten im Nationalpark, mit Tennisplätzen und Pool; gebaut von Rockefeller. $$$$$

Cruz Inn
P.O. Box 566
Cruz Bay, St. John 00831
✆ 776-7688
Kleines Hotel im *West Indian Style*. Ausblick auf den Enighed Pond. $$

Raintree Inn
P.O. Box 566
Cruz Bay, St. John 00831
✆ 776-7449
11 Zimmer mit Kochgelegenheit. $$

The St. John Hostel
Bordeaux Mountain
✆ und Fax 693-5544
Die billigste Möglichkeit, zu übernachten. (20 $).

Cinnamon Bay Campground
P.O. Box 720, St. John 00831
✆ 776-6330, Fax 776-6458
National Park Campsite. $

Maho Bay Camps
P.O. Box 310 , St. John 00830
✆ 776-6226/40, Fax 776-6504
Das Hotel mit seinen über Stege verbundenen Bungalows gilt als Zukunftskonzept. Bar, Restaurant und Strand offen. $$

St. John/Cruz Bay:

Pussers
Wharfside Village
✆ 774-5489
Verkitschtes Restaurant mit Treppauf-Bar und Laden. $$

Old Gallery
✆ 776-7544
Fisch oder Steak? $$

Fred's
✆ 776-6363
Frühstück ab 7.30 Uhr. $

Elaine Sprauve Library & Museum
Southside Rd.
✆ 776-6359
Mo–Fr 9–17 Uhr
Präkolumbische Töpferei, koloniale Fundstücke und Kunsthandwerk.

Mongoose Restaurant
✆ 776-7586
Tägl. Frühstück 8.30–11.30, Lunch 11.30– 17, Dinner 17–22 Uhr
Luftiges Lokal mit Bar in einer Shopping Mall gleichen Namens. $

Battery
Nachdem auch St. John 1718 von der Danish Westindian Company übernommen wurde, baute man eine Befestigung, um zehn Kanonen draufzustellen.

Hawksnest Bay
Traumstrand mit Karibischwasser. Kabinen, Tauch- und Schnorchelgeräte gibt es überall auf der Insel.

Trunk Bay
Beliebtester und deshalb oft überlaufener Strand. Am Rande wird auch über die Zerstörung der Korallen informiert.

Cinnamon Bay
Wassersportcenter, Laden, Schließfächer, Duschen und Campground. Leider ist hier auch eine Wohnstatt hyperaktiver Sandflöhe.
Im **Scheunen-Museum** (tägl. 10–15 Uhr) hängt eine alte Zuckerrechnung an der Wand. Auch die schmackhaften *sea grapes* (*coccoloba uvifera* oder Seetrauben), die am Strand wachsen, sind frei.

T'ree Lizards
Cinnamon Bay Campground
Strandlokal: Ein Bissen zu jeder Tageszeit. $

Annaberg Sugar Mill
Gegründet 1718; älteste und größte Zukkerrohrplantage auf St. John. Die Windmühle wurde 1844 gebaut. An der Strecke zur Centerline Rd. stehen weitere Ruinen im Wald. Teilweise sieht man noch Straßen mit dänischem Kopfsteinpflaster, die die Sklaven angelegt haben.

Le Château de Bordeaux
Centerline/Bordeaux Mountain Rd.
✆ 776-6611
Mo–Sa Lunch 11.30–14.30, Dinner Mo, Di, Do, Sa 18–20 Uhr
Restaurant und **Silver Bullet Bar**. Terrasse mit atemberaubendem Blick auf Coral Bay und die British Virgin Islands. $$

Reef Bay Trail
Ein beliebter Naturwanderweg von der Centerline Rd. zur Bay (Dauer: 2–3 Std. hin und zurück), allerdings sehr steil. Man kann sich am Fuß des Weges von einem Boot abholen lassen (es kommt ca. 15.30 Uhr, man sollte allerdings vorher im Visitor's Center buchen). Zweimal in der Woche gibt es eine kostenlose Führung, die auch die umstrittenen Felszeichnungen einschließt. Der amerikanische Archäologe Barry Fell, Spezialist für die Frühgeschichte Libyens, hält sie für identisch mit Steinzeichen, die er in Nordafrika auf vorgeschichtlichen Grabmälern gefunden hat (z.B. die Doppelspirale als Sonnensymbol).

Der Hafen von Cruz Bay, St. John

8

Der ungleiche Bruder
Easy-going im Naturpark

Redhook Ferry Dock, zehn Uhr abends. Die letzte Fähre setzt sich gerade in Bewegung, als eine weibliche *St. Johnian* etwas verspätet und völlig außer Atem an der Ablegestelle eintrifft. Schon von weitem schreit sie der Fähre hinterher, sie solle anhalten. Aber die fährt weiter. Da zieht die Frau ihre Unterhose runter und zeigt den verdutzten Fahrgästen an der Reling ihre blanke Rückseite. Als die Menge daraufhin in Trampeln, Johlen und Pfeifen ausbricht, muß der Kapitän einen Aufstand befürchten und kehrt um.

So soll es, so könnte es sich abgespielt haben. St. John ist das andere Ufer der Virgin Islands, die bodenständige Gegenwelt zum Grandhotel St. Thomas. Weil die Natur hier auf 23 geschützten Quadratkilometern sprießen darf, ist St. John auch eine Insel der Ursprünglichkeit. Das war nicht immer so. »Nur an ein paar abgelegenen Teilen gibt es überhaupt noch ursprünglichen Wald«, schrieb der berühmte englische Biologe John Murray nach seinem Besuch der Virgin Islands vor mehr als hundert Jahren. Nachdem die Indianer jahrhundertelang in Eintracht mit der Natur gelebt hatten, schafften es die europäischen Pflanzer in wenigen Jahrzehnten, die Inseln zu vergewaltigen. Bald klapperten überall die Zucker- und Baumwollmühlen.

Nach dem Niedergang der Plantokratie verkam St. John zur Brache. Um 1900 lebten hier nur noch ein paar hundert Schwarze, eine Handvoll Missionare und ein dänischer Beamter, der Briefträger, Polizist und Richter in einer Person war. Damals begann die natürliche Vegetation langsam zurückkehren. 1956 hat dann ein Mitglied der Rockefeller-Dynastie, an die St. John in der Zwischenzeit gefallen war, den verlassenen Felsen im Meer dem amerikanischen Staat als Nationalpark vermacht. Was man heute sieht, ist also keine jungfräuliche Insel, sondern ein Wiedergutmachungsversuch an der gebeutelten Natur.

St. John mit seinen 3 500 Insulanern ist ein Dorf geblieben, ein Feriendorf, in dem man sich vorwiegend damit beschäftigt, wie die Freizeit vergeht. **Cruz Bay** – der Name der Bucht steht auch für den Ort am Fähranleger – hat die dafür geeigneten Einrichtungen: die nächste Badebucht gleich hinter dem ersten Hügel, im imposanten **Enighed Great House** ein Heimatmuseum (Sprauve Museum) für den Wissensdurst, für den durchhängenden Magen verschiedenste Speisekarten, auf denen aber fast immer auch Hamburger zu finden sind. Versuchen Sie es z.B. mal im luftigen **Mongoose Restaurant**. Der Name hat eine Geschichte: Man holte Mungos, die kleinen indischen Zubeißer, einst als Armee gegen die überhandnehmenden Ratten. Da Mungos jedoch in der Nacht, wenn Ratten unterwegs sind, schlafen, trafen sie sich niemals. Aber die flinken Räuber vermehrten sich ihrerseits

Trunk Bay, St. John ▷

»Cheers!«: Vom »Le Châteaux de Bordeaux« sieht man die British Virgin Islands

und wurden zu einer zusätzlichen Mungoplage.

Ob Sonnenanbeter, Naturbursche oder Hobbyarchäologe – auf St. John wird es allen recht gemacht. Eine erste Vorstellung von ihren Ausmaßen vermittelt das dreidimensionale Inselmodell im **Visitor's Center**. So beeindruckend es auch aussieht, kann man doch kaum glauben, daß es vom einen bis zum äußersten anderen Ende nur sieben Meilen sind. Wo heute die US-Farben über das Inselrathaus flattern, stand einst die **Battery**, die obligatorische Festung, die im Falle von St. John eine besondere Aufgabe bekam. Sie wurde auch zur Landseite hin gesichert, weil im November 1733, nachdem der Strafkatalog für Sklaven drastisch verschärft worden war, auf St. John – damals dänisch St. Jan – ein Aufstand ausbrach. Viele Pflanzer wurden massakriert. Die Überlebenden riefen, zum erstenmal in der Geschichte der West Indies, Truppen der Nachbarinseln zu Hilfe.

»Sechs Neger und zwei Negerfrauen haben aufgegeben«, notierte der französische Kommandeur am 16. Mai 1734, sechs Monate nach Ausbruch der Rebellion. »Drei von ihnen haben wir auf verschiedenen Plantagen an den Pfahl gebunden und verbrannt. Der Gouverneur hat wegen der Formalitäten einen Richter geschickt. Ich habe ihm die drei anderen und die zwei Frauen übergeben. Zuerst sind alle fünf in der Stadt mit heißen Zangen gefoltert worden. Danach wurde einer langsam verbrannt, einer in zwei Hälften gesägt und der dritte wurde gepfählt. Den beiden Frauen wurden die Hände und der Kopf abgeschlagen.«

Pack die Badehose ein! Auf der Landstraße 20 Richtung Norden folgt Bucht auf Bucht. Nach etwa einer Meile auf Höhe der **Caneel Bay** schmiegt sich ein Hotelkomplex an den Meerbusen. In das Gebäude wurden die Überreste einer Zuckerrohrplantage integriert. Sie war die einzige, die von der Sklavenrevolte verschont blieb, und diente den Überlebenden als Zufluchtsort. Nach der nächsten Rechtskurve liegt die schwungvolle **Hawksnest Bay** vor uns, schon wieder ein historischer Ort. Hier landete Kolumbus, allerdings vor laufenden Kameras und strikt nach den Anweisungen eines Hollywood-Regisseurs. Das Meer hat so unglaublich intensive Farben, wie die Farbfilme der fünfziger Jahre.

Auch **Trunk Bay** gegenüber besitzt fast alle Attribute einer Filmkulisse. Nur die Palmen fehlen. Trotzdem kann man auf dem puderweißen Sandstreifen zwischen 10 Uhr morgens und 2 Uhr nachmittags kaum ein klitzekleines Plätzchen finden. **Peter Bay**, ein Riff weiter, ist bevorzugter Nistplatz für *snowbirds*. So werden Neu-*St. Johnians*, die meist nur den Winter auf der Insel verbringen, von den Einheimischen verspottet.

In dem kleinen Speicher an **Cinnamon Bay**, nicht weit vom Strandkiosk, hängen vergilbte Fotos an der Wand, auf denen man sehen kann, wie hart und monoton die Arbeit auf den Zuckerrohrfeldern gewesen sein muß. Amateurhistoriker und unverbesserliche Romantiker sollten noch einen kurzen Ausflug über die Straße machen. Dort stehen die überwucherten Ruinen von **Jansen Estate** im Wald. Die Farm war 1733 Schauplatz der ersten Schießerei zwischen Pflanzern und Aufständischen, die das Anwesen im dritten Anlauf eroberten.

Nach einem Kilometer steigt man schon wieder in die Bremsen. Der Blick ist frei auf **Maho Bay**. Wo sich heute ein Hotel unter Blattwerk versteckt, das wegen sei-

»Sailing away«

ner umweltfreundlichen Bauweise einen Ökopreis bekam, lag einmal Vessuup Plantation, das Hauptquartier der schwarzen Rebellen. Die Geschichte des Aufstandes könnte kein Drehbuchautor besser erfinden. Die beiden Anführer gehörten zu verschiedenen westafrikanischen Stämmen, die dort schon Bekanntschaft miteinander gemacht hatten. Der von Kopf bis Fuß tätowierte Bolombo war König der Adampe, sein Feind Aquashi ein Prinz der Aquambo.

Die beiden Stämme zogen des öfteren gegeneinander in den Krieg. Bei einer dieser Gelegenheiten hatte Bolombo Aquashi gefangengenommen und als Sklaven verkauft. Aber die Ironie des Schicksals wollte es, daß beide irgendwann in Ketten auf St. John eintrafen. Bei einem nächtlichen Kampf, den sie ihrer Ehre wegen austragen mußten, rauften sie sich dann doch zusammen. Sie beschlossen, gegen die gemeinsamen Feinde, die dänischen Pflanzer, vorzugehen.

Nachwuchs im Sonntagsstaat

Die **Annaberg** (sprich *Ännenbög*) **Sugar Mill** ist die älteste dänische Plantage und die am besten erhaltene. Ein Rundgang beginnt dort, wo einmal die *slave cabins* standen, das Hüttendorf der Sklaven, und führt zur Windmühle, in der der süße Saft aus dem Zuckerrohr gepreßt wurde. Von hier aus sieht man **Great Thatch**, die nächstgelegene englische Insel. Viele Annaberger Sklaven haben versucht, hinüberzuschwimmen, denn auf der anderen Seite waren die Schwarzen schon 14 Jahre früher, 1834, befreit worden.

An der **Centerline Road**, auf der man sich von Kuppe zu Kuppe hangelt, lädt die Restaurantbar »Le Château de Bordeaux« zu einem Drink mit Fernsicht ein. Unten liegt die gezackte **Coral Bay** und dahinter die Kette der **British Virgin Islands**. Wenn hier Körper und Seele genügend Kräfte gesammelt haben, kommt der **Reef Bay Trail** gerade recht. An diesem schattigen Naturpfad steht so manches exotische Gewächs, und jedes ist beschildert wie im botanischen Garten.

Auf halber Strecke führt ein Seitenweg zu einer Kultstätte, über die sich die Gelehrten streiten. Manche Forscher deuten die dort in den Stein geritzten Zeichen als die künstlerische Hinterlassenschaft der *Arawak*-Indianer. Andere Archäologen dagegen halten sie für noch älter. Denn die geheimnisvollen Muster weisen starke Ähnlichkeiten mit libyschen Inschriften auf. Der Schluß: Die Steinkünstler waren Afrikaner und sind schon vor Kolumbus hier gelandet. Demnach hätte der Italiener weder Asien noch Amerika entdeckt, und alle Feiern waren umsonst. ■

TORTOLA – INSELINFOS

int. Vorwahl: ✆ 001-809

Im verschlafenen Hafen von Road Town vertreten sich Skipper aller Länder die Füße. Das Revier rund um die buchtenreiche Insel läßt jedes Seglerherz höher schlagen, wird aber auch von Anglern bevorzugt. Sonst liegt die größte der British Virgin Islands noch abseits der großen Reiseströme. Den Vorteil, daß es hier weder Kasinos noch Fastfood-Ketten gibt, schätzt nicht zuletzt eine ganze Reihe zahlungskräftiger Snobisten.

Inseldaten

Geschichte

1493: Kolumbus reklamiert Tortola (spanisch für Turteltaube) für Spanien. – 1595: Kämpfe zwischen Spaniern und Holländern. – 1672: Der britische Gouverneur der Leeward Islands, Colonel Stapleton, annektiert Tortola, das damals ein Piratennest war. Road Town wurde zum Zentrum politischer Intrigen, nachdem die Engländer den Gerichtshof der Vizeadmiralität dorthin verlegt hatten, um feindliche Freibeuter gleich vor Ort verurteilen zu können. – 1773: Erste zivile Verwaltung. – 1872: Jungferninseln werden als Teil der Leeward Islands britische Kolonie. – 1964: Laurence Rockefeller baut erstes Ferienhotel. – 1977: London gewährt beschränkte innere Selbstverwaltung als britisches Protektorat. Die British Virgin Islands (BVI) werden daraufhin zum jungfräulichen Steuerparadies mit höchstwahrscheinlich mehr Firmen als Briefkästen.

Insel in Zahlen

Alle britischen Virgin Islands – 50 oder 60 sollen es sein, davon nur ein Dutzend bewohnt – sind insgesamt gerade mal halb so groß wie Tobago, nämlich 153 km^2. Auf Tortola, mit ca. 70 km^2 die größte der BVI, leben 14 000 Menschen, auf den restlichen Inseln noch einmal 2 500. Durch den Zuzug von Hotelpersonal, das hauptsächlich aus der Ostkaribik kommt, hat die Bevölkerungszahl gewaltig zugenommen. Die Afrikaner sind in der Majorität. – **Road Town** ist die **Hauptstadt** der BVI. – Die Wirtschaft basiert traditionell auf Nobeltourismus und »Offshore Banking«, wie man die Steuerfluchthilfe schönfärberisch nennt. 1993 wurden 240 000 Übernachtungsgäste gezählt.

Landschaft und Klima

Tortola ist eigentlich nur ein länglicher Felsrükken in der Brandung, der wie die anderen Virgin Islands zum Landsockel von Puerto Rico gehört. An seiner höchsten Stelle ragt er über 500 m aus dem Wasser, das hier nur rund 10 m tief ist. Der wieder aufgeforstete **Sage Mountain National Park** und der **Rhone National Marine Park** bei Salt Island können es mit den entsprechenden Einrichtungen ihrer sichtnahen amerikanischen Konkurrenz durchaus aufnehmen. – Die Tagestemperaturen liegen um 28 °C (nachts kaum unter 20 °C). Hurrikans können zwischen Juni und Oktober kommen.

Tortola hat auch noch Trabanten: Das platte **Beef Island**, durch eine Mautbrücke mit Tortola verbunden, ist das Rollfeld des Flughafens; das krakenförmige **Virgin Gorda** (22 km^2), in sich selbst ein Archipel, hat verschwiegene Hotels, herrliche Strände und ausgespülte Felsen, die Baths, in denen sich kühle Becken und Grotten gebildet haben. Die Koralleninsel **Anegada** (34 km^2, 250 Einwohner) ist von Wracks umgeben; **Peter Island** gilt als eine der exklusivsten Inseln der Karibik. Sie wird eingerahmt von **Norman Island**, wo der Dichter Robert Louis Stevenson seinen oft verfilmten Roman »Die Schatzinsel« spielen ließ, und **Dead Chest**, wo der echte Seeräuber Blackbeard einst Meuterer aussetzte. Auf **Salt Island**, berühmt für seine drei Salzseen und zwei Bewohner, wird Salz gewonnen. **Necker Island**, Privateigentum von »Virgin«-Boss Richard Branson, kann man für sündhafte Summen mieten.

TORTOLA – INSELINFOS

int. Vorwahl: ✆ 001-809

Sehenswürdigkeiten

Road Town hat, wie der Name sagt, auch eine Hauptstraße. Dort finden sich das **The V.I. Folk Museum**, das derzeit restauriert wird, und die **J.R. O'Neal Botanic Gardens**. **Fort George** wurde 1794 erbaut und 200 Jahre lang nie gebraucht, ebenso wie das mächtige **Fort Charlotte** auf Harrigan's Hill. **The Dungeon** ist die dritte Festung, die den Schiffsverkehr sichern sollte. In den unterirdischen Gefängniszellen kann man Wandkritzeleien entziffern. Die **Callwood Rum Distillery** an der Cane Garden Bay ist noch in Betrieb.

Die **Kupfermine** im Südosten von **Virgin Gorda**, deren Ruinen noch zu besichtigen sind, wurde von Bergarbeitern aus Cornwall zwischen 1838 und 1867 angelegt. Vor **Salt Island** liegt das Wrack der **»RMS Rhone«** in ca. 24 m Tiefe auf Grund. Sie war der Stolz der Royal Mail Steam Company, bis sie während eines Hurrikans auf die Insel prallte und in zwei Teile zerbrach. Heute dient die »Rhone« unzähligen Fischarten und Korallen als Behausung.

Reisedaten

Auskunft

British Virgin Islands Tourist Board
Sophienstr. 4
65189 Wiesbaden
✆ (06 11) 30 02 62, Fax 30 07 66

British Virgin Islands Tourist Board
Waterfront St.
P.O. Box 134
Road Town, Tortola
✆ 494-3134

Virgin Gorda Tourist Board
Virgin Gorda Yacht Harbour
✆ 495-5181

An- und Abreise
Direktverbindungen ab Deutschland gibt es nicht, sondern nur Anschlußflüge von Antigua, Sint Maarten oder St. Thomas. Mehrmals täglich verkehren Fähren zwischen Tortola und den anderen Virgin Islands. Die Ausreisesteuer beträgt 8 US $ für Flug- und 5 US $ für Fährgäste.

Essen und Trinken
Die Restaurants bieten alles, was der Magen begehrt – von feiner französischer Küche bis zum Hamburger.

Festivals und Ereignisse
April: *Spring Regatta British Virgin Islands* (Segelwettbewerb)
Ende Juli/Anfang August: BVI Sommer-Festival (2 Wochen Kultur, Karneval und Calypso)
Ende November/Anfang Dezember: *Caribbean Trophy* (Segelregatta)

Geld
Währungseinheit ist der US-Dollar; akzeptiert werden Traveller-Schecks und Kreditkarten.

Badeparadies Virgin Gorda

Presse/Radio/TV
Statt Tageszeitung gibt es wöchentlich »The Island Sun« und »The Beacon«. Auf UKW-Wellen reiten der kommerzielle Sender ZBVI (100), Z-Gold (91.7), Z-Wave (94.3) und Z-Hit (97.3).

Reisen auf der Insel
Linksverkehr. Eine lokale Fahrerlaubnis kostet 10 US $ (bei der Mietwagenfirma). Höchstgeschwindigkeiten: 24 km/h in Ortschaften, 48 km/h über Land. Man kann sich auch ein Fahrrad oder ein Taxi mieten.

Sportmöglichkeiten
Wassersport total: Surfen, Angeln, Tauchen und natürlich Segeln. Tortola hat einen großen Jachthafen und die höchste Dichte an *bareboats* (ohne Crew) in der Welt. The Baths auf Virgin Gorda sind ein einmaliger Platz zum Schnorcheln. Aber mancher Luftikus hat nur Augen für die Vögel.

Strände
Wovon viele nur träumen: unbebaute goldene Inselränder ohne Schlagbaum. Die schönsten Strände liegen im Südwesten: **Smugglers Cove** (ist zwar schwer zu erreichen, aber es lohnt sich), **Long Bay** (eine Meile feinster Sand), **Apple Bay** (für Surfer mit und ohne Brett) und **Cane Garden Bay** (ein Sportlertreff mit diversen Theken).

Unterkunft
Die rund zwei Dutzend Hotels haben etwa 500 Zimmer. Dazu kommen Pensionen und Ferienwohnungen. Die Hotelsteuer beträgt 7 %, die *service charge* 10 %. Hoteltips finden Sie bei den Extratour-Informationen.

Wichtige Telefonnummern
Notruf
(Polizei, Feuerwehr, Ambulanz) ✆ 999

Extratour – Informationen: Tortola/Virgin Gorda Vorwahl: ✆ 809

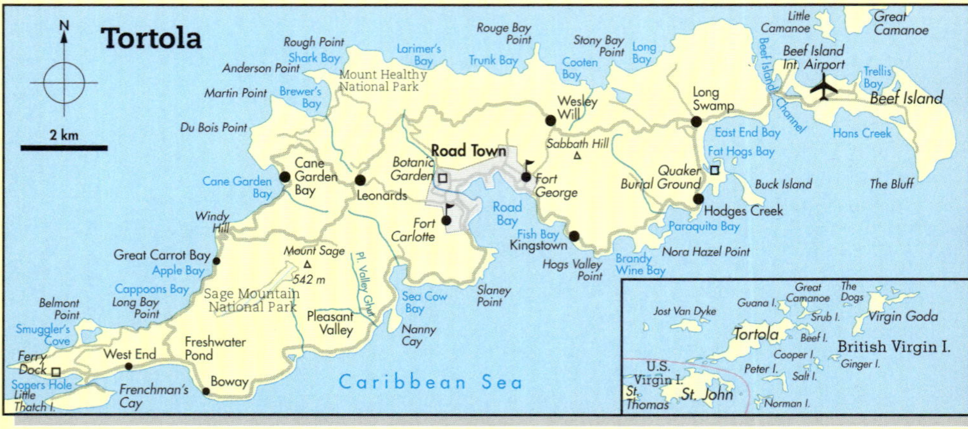

Sugar Mill Hotel
P.O. Box 425,
Apple Bay, Tortola
✆ 495-4355, Fax 495-4696
Luxuriös restauriertes Cottage mit Neuanbau, aber nur wenig Strand; sehr gute Küche. $$$ – $$$$

Sea View Hotel
P.O. Box 59
Road Town, Tortola
✆ 494-2483
28 Zimmer, auch für Selbstversorger. $–$$

Long Bay Resort & Villas
P.O. Box 433
✆ 495-4252
Auf einem 21 ha großen Gelände mit Villen, Wohnungen, Studios, Strandhütten, Tennisplatz. $$$–$$$$

Mongoose Apartments
Cane Garden Bay
P.O. Box 581
✆ 495-2538,
Fax 495-9721
Individuell geführte, gepflegte Anlage in einem Wäldchen, 3 Minuten vom Strand; 6 Apartments mit Küche. $$

Brewers Bay
✆ 494-3463
Campingplatz an der Nordküste. $

Virgin Gorda/Jost Van Dyke:

Mango Bay Resort
P.O. Box 1062
Mahoe Bay, Virgin Gorda
✆ 495-5672, Fax 495-5674
5 Villen im italienischen Stil an einem herrlichen Strand mit einem vorgelagerten Korallenriff. $$$$–$$$$$

White Bay Campground
Reservierung ✆ 495-9312,
Jost Van Dyke

Foxy's
Great Harbour, Jost Van Dyke
✆ 495-9258
Tägl. Dinner, Fr/Sa Barbecue und Live-Musik. $$$

Road Town:

Botanic Gardens
Nähe Polizeistation
Die knapp 2 ha werden ehrenamtlich gepflegt. Eintritt frei.

Captain's Table
✆ 494-3885
Herrlicher Blick auf Inner Harbour Marina. $$

Skyworld Restaurant
✆ 494-3567
Tägl. 11.30–18 Uhr Lunch, 18.30–21.30 Uhr Dinner
Bringen Sie Ihren Fotoapparat für das berühmte Panorama mit. $$

Outpost Restaurant Pusser's Pub
Main St.
✆ 494-2467
Oben im Restaurant Seafood und Pasta, im Pub Sandwiches, Pizzas und Drinks. Treffpunkt der *yachties*. $$

Mrs. Scatliffe's Restaurant
Carrot Bay
✆ 494-4556
Die Wohnung als Lokal. $$

Aries Club
Baughers Bay
✆ 494-3329
Mutter-kocht-selber-Stil. $

Die Bucht von Road Town

Tortola und Virgin Gorda: Eine Reise ins Gestern

Extratour

Tortola hat einen Ort, zwei Straßen, viel Regenwald und einen schmalen Küstenstreifen. Die britischen Jungfern sind noch unberührter als St. John gegenüber. Wer mit der Fähre in **West End** anlegt, sollte sich überlegen, ob er per Taxi oder gemietetem Roller die Insel erkunden möchte, oder ob er sich an irgendeinem der schönen weißen (meist an der Nordküste gelegenen) Badestrände aalen und dabei den Strandgutsammlern zuschauen möchte. Man läßt die Beine von einem Landesteg baumeln, wobei vielleicht ein paar Turteltauben Gesellschaft leisten. Die Tiere, die der Insel den Namen gaben, wären in den sechziger Jahren fast ausgestorben. Seitdem hat man hier viel für die Umwelt getan.

Im Januar 1987 wurde ein **botanischer Garten** eröffnet, ein lebendes Museum der Flora und Fauna mit Orchideenhaus, Miniatur-Regenwald und Vogelkäfig. **Road Town**, der einzige nennenswerte Ort, hat ein paar Geschäfte, die sich auf der Hauptstraße aneinanderreihen – alle aus Holz und in karibischem Pastell gestrichen.

Vom 542 Meter hohen **Mount Sage**, dem höchsten Punkt der Jungferninseln, ergibt sich ein einmaliger Rundblick über das gesamte Archipel. Tortola wird umgeben von einem Kranz unbewohnter Inselchen mit sauberen, menschenleeren Stränden, die heute gerne von Seglern angelaufen werden und früher ein ideales Versteck für Piraten abgaben. Vielleicht floriert das Geschäft mit den Charterjachten ja auch so

gut, weil alle noch auf der Suche nach der vergessenen Schatzhöhle sind.

Ganz gleich, ob mit eigener Jacht oder als *day-trip* mit der Fähre – ein Ausflug zum benachbarten **Virgin Gorda** lohnt sich allemal. Den Naturfreund erwarten im Südosten der Insel die »Baths« – ein kleines Paradies über und unter der kristallklaren Wasseroberfläche: riesige Granitfelsen vulkanischen Ursprungs, ein Labyrinth von Grotten, in denen es von tropischen Fischen nur so wimmelt, und das Ganze vor der grandiosen Kulisse eines palmengesäumten Sandstrandes.

Wem nach Bewegung zumute ist, kann sich auf den Weg durch die Felsen zur Devil's Bay machen. Nicht ganz so spektakulär wie ihre Nachbarin, hat sie dennoch einen ganz eigenen Charme – nicht zuletzt, weil sie abseits vom Besucherstrom liegt. ■

Hauptstraße in der Hauptstadt Road Town

ANGUILLA – INSELINFOS

int. Vorwahl: ✆ 001-809

Aus einer Insel der Fischer und Häuslebauer entwickelte sich während der achtziger Jahre ein Urlaubsparadies für gehobene Ansprüche mit den entsprechenden Preisen und mit Zuwachsraten, von denen die meisten Nachbarn nur träumen können. Obwohl hier in den sechziger Jahren eine Revolution ausbrach, blieb die langgestreckte Insel in der Nordostecke der Leeward Islands ein Refugium, das mit sanften Hügeln, ein paar Vogelkolonien und dem klassischen Dreiklang von Strand, Wellen und Himmelblau aufwartet.

Inseldaten

Geschichte

Um 600: Amerindische Dörfer an Rendezvous Bay und Sandy Ground. – 1493: Kolumbus gibt ihr, angeblich im Vorbeisegeln, wegen der langgezogenen Form den Namen (it. = Aal). – 1630: Salzgewinnung durch Holländer. – 1650: Kolonisierung durch Briten von St. Kitts aus. – 1656: Invasion der Kariben scheitert ebenso wie die der Franzosen (1745 und 1796). – 1825: Gegen den Willen der Einwohner durch England Zusammenschluß mit St. Kitts und Nevis zu einer Kronkolonie. – 1967: Nachdem das Inseltrio zum Staat erklärt wird (Regierungssitz in St. Kitts), kommt es zum Aufstand und daraufhin zur Invasion (1969) durch Fallschirmjäger Ihrer Majestät. – 1980: Anguilla wird zum London direkt unterstellten *British Dependend Territory* mit Gouverneur in der **Hauptstadt The Valley**. – 1982: Neue demokratische Verfassung.

Insel in Zahlen

Mit 91 km² ist sie etwa so klein wie das benachbarte St.-Martin. Die knapp 10 000 Bewohner sprechen Englisch, stammen größtenteils von Sklaven ab und zahlen keine Einkommenssteuer. – Die Wirtschaft wuchs 1992 um 8,3 % (keine Arbeitslosigkeit). – Obwohl es auf der Insel kaum Bauholz gab, wurde Anguilla zur Werft der Kleinen Antillen. Viele Insulaner sind Seeleute. – Auch wenn die jährliche Zahl an Touristen die der Einwohner mittlerweile um das Zehnfache übersteigt, ist die Insel immer noch nicht überlaufen.

Landschaft

Die nördlichste der Leeward Islands ist flach wie ein Topfdeckel (Crocus Hill 65 m) und so trocken, daß sie den Mücken nicht behagt (Temperatur selten unter 25 °C). Die vom Meer angefressenen Korallenränder bilden interessante Bögen und Höhlen. In Sichtweite liegen zahlreiche kleine Inselchen, die ideale Startpunkte für Unterwasserprofis abgeben. Die kristallklaren Gewässer sind beliebte Fischgründe (Mietboote z.B. von Crocus Bay aus).

Sehenswürdigkeiten

Die Höhle **Fountain Cave** gilt mit ihren eingeritzten Wandzeichen als eine der wichtigsten amerindischen Kultstätten in der Karibik. **Wallblake House** in Cross Roads (nahe The Valley) stammt aus dem späten 18. Jh. und soll Schauplatz mehrerer Morde gewesen sein. Im Fischerdorf **Island Harbour**, das auf Hummerfang spezialisiert ist, sind die Boote am buntesten. Einen Ausflug wert sind auch die kleinen Inselvorposten wie **Sandy** oder **Scrub Island**.

Reisedaten

Auskunft

i **Anguilla Tourist Office**
UK Office, 3 Epirus Rd.
GB London SW6 7UJ
✆ (0044-171) 937-7725, Fax 938-4793

i **Anguilla Department of Tourism**
The Valley
Anguilla, British West Indies
✆ 497-2759, Fax 497-3091

ANGUILLA – INSELINFOS

int. Vorwahl: ✆ 001-809

An- und Abreise

Täglich landen Flugzeuge von Antigua und St.-Martin auf dem Wallblake Airport. Fähre von St.-Martin (Marigot) legt an Blowing Point Harbour an (20 Minuten Fahrzeit).

Essen und Trinken

Roy's Place
Crocus Bay
✆ 497-2470
Strandrestaurant mit moderaten Preisen. $$

Fish Trap
Island Harbour
✆ 497-4488
Fisch à la carte. $$$

Festivals und Ereignisse

Ende Mai: *Anguilla Day* (Nationalfeiertag)
2. Samstag im Juni: Geburtstag der Königin
1. Augustwoche: Karneval
19. Dezember: *Separation Day* (Nationalfeiertag)

Geld

Währung ist der Eastern Caribbean Dollar (2,7 EC $ = 1 US $). Mit Traveller-Schecks und US-Dollar kann man überall bezahlen; Kreditkarten werden oft nicht akzeptiert.

Nachtleben

Findet fast ausschließlich in den Hotels statt.

Presse/Radio/TV

Die Zeitung »Vantage« erscheint wöchentlich. Radio Anguilla bekommt man auf MW 1505 kHz und UKW 105, das private Caribbean Beacon Radio nur ein paar Wellen weiter auf 100.1.

Reisen auf der Insel

Es gibt weder öffentliche Verkehrsmittel noch Straßenschilder, aber Taxis. Linksverkehr. Die Höchstgeschwindigkeit beträgt 48 km/h (30 mph).

Sport

Fast jedes Wochenende veranstalten die Einheimischen Bootsrennen. Gemessen an der Zahl der Plätze, muß Tennis der Lieblingssport der Gäste sein. Aber natürlich lockt auch die See: Tropical Watersports an Maunday's Bay vermietet schwimmende Untersätze, vom Tretboot bis zur Hochseejolle. Auf Anguillita, einem Inselchen an der Westspitze, ist gut Schnorcheln.

Strände
Pack die Badehose ein! Es warten rund 40 Traumstrände. Ein Korallenring sorgt für geschützte Schwimmfreuden. »Oben-ohne« ist unerwünscht. Die beliebtesten Sandstreifen sind **Shoal Bay** (mit Imbißbuden, ohne Schatten), **Mead's Bay** (schicke Bars und Wassersport), **Sandy Ground** (Anlegeplatz für Tauchtouren und Tagesrundfahrten) und **Rendezvous Bay** (mit Sanddünen im Süden).

Unterkunft
Die Spezialisierung auf den betuchten *independent traveller* schlägt sich im Service und in den Preisen nieder. Es gibt nur eine kleine Anzahl exklusiver Hotels. Zu empfehlen sind:

Malliouhana
P.O. Box 173, Mead's Bay
✆ 497-6111
Hotel- und Bungalowanlage auf den Klippen über der Bucht. $$$$$

Anguilla Great House
Rendezvous Bay
✆ 497-6061, Fax 497-6019
Das Strandhotel zählt zu den kleineren Resorts. $$$$

Syd-An's
Sandy Ground
✆ 497-3180, Fax 497-5381
Neues Haus mit Einzelzimmern. $$

Wichtige Telefonnummern
Notruf ✆ 911, Polizei ✆ 497-2333
Hospital in The Valley ✆ 497-2551

Landhaus im Anguilla-Stil

DOMINICA – INSELINFOS

int. Vorwahl: ✆ 001-809

Weil sie zu zerklüftet und gebirgig ist, um im großen Stil Zuckerrohr darauf anbauen zu können, wurde Dominica als letzte Antilleninsel und auch dann nur halbherzig kolonisiert. Es hat lange gedauert, bis die Rückständigkeit in einen – touristischen – Vorteil umschlug.

Inseldaten

Geschichte

1493: Kolumbus entdeckt die Insel und benennt sie nach dem Tag ihrer Entdeckung (Sonntag). – 1674: Truppen unter Philip Warner, Gouverneur von St. Kitts, richten ein Blutbad unter den Ureinwohnern an. Ein Dorf an der Westküste heißt bis heute Massacre. – 1686: Nach franko-britischer Absprache soll die Insel im Besitz der amerindischen Kariben bleiben. Trotzdem werden Plantagen gegründet. – 1748: Im »Frieden von Aachen« wird Dominica nochmals den *Amerindians* zuerkannt, um gleich darauf zum Zankapfel zwischen England und Frankreich zu werden. – 1763: Dominica wird England zuerkannt. – 1805: Franzosen geben nach mehreren Eroberungsversuchen auf und erhalten dafür 8 000 Pfund Abfindung. – 1815: Entlaufene Sklaven, *Maroons* genannt, verlieren ihre letzte Schlacht. – 1903: Ein Reservat für die wenigen überlebenden Kariben wird eingerichtet. – 1967: Selbstverwaltung unter britischer Aufsicht. – 1978: Erlangung der Unabhängigkeit. – 1979: Hurrikan »David« macht 60 000 Menschen obdachlos. Hurrikan »Allan« (1980) zerstört 90 % der Bananenernte. – 1981: »Carnival Coup« gegen Premierministerin Eugenia Charles (Klu-Klux-Klan und Mafia sind darin verstrickt) gilt als Versuch, die Insel dem organisierten Verbrechen zu öffnen. – 1990: Die regierende Freedom Party gewinnt die Wahlen. – 1991: Eigene Energieversorgung durch hydroelektrisches Kraftwerk.

Insel in Zahlen

Mit 750 km² halb so groß wie das nördlich benachbarte Guadeloupe. – Von den 75 000 Einwohnern (Tendenz fallend) sind über zwei Drittel Afrikaner, der Rest Kreolen. Hinzu kommen ein paar hundert Nachkommen der Kariben und eine kleine weiße Minderheit in der **Hauptstadt Roseau** (16 000 Einwohner). – Englisch ist Amtssprache, Umgangsprachen sind *Patois* und *Cocoy*, ein englisches Créole. – Dominica ist ein reiner Agrarstaat und eine klassische »Bananenrepublik« (95 % der Produktion, 75 % der Ausfuhr). Dabei besitzen 26 Großbetriebe mehr Land als der Rest der Kleinbauern. Vom unzugänglichen Inselinnern aus sorgen *Dreads* für Drogennachschub. – Erst jeder 20. *Dominican* ist in der Tourismusbranche beschäftigt. Um die Urlauber wird mit dem Schlagwort »Öko-Tourismus« geworben. Die Chance, dem einen Touristen zu begegnen, der sich hier pro km² aufhält, steigt höchstens in der Hauptstadt.

Die Gäste halten sich hier mit durchschnittlich 10 Tagen vergleichsweise lange auf. – Eingeklemmt zwischen den größten frankokaribischen Inseln, ist der französische Einfluß bis heute stark – sowohl in Sprache und Musik als auch in Essen und Religion (80 % katholisch). – Stromspannung 220 Volt, Adapter erforderlich.

Landschaft

Weniger als ein Viertel (!) der Insel ist kultiviert, der Rest, je nach Perspektive, grüne Hölle oder grüner Himmel. Im Norden fällt das Gebirge **Morne aux Diables** mit hohen Klippen zum Meer hin ab. Abgesehen von einem Stückchen Land bei Portsmouth gibt es kaum Flachland. Der höchste Berg ist der **Morne Diablotins** (1 447 m). Jemand hat 350 (!) Flüsse gezählt, die übers Vulkangestein plätschern. Auch an Wasserfällen

◁ *Emerald Pool: gespeist von einer der ungezählten Quellen Dominicas*

Dominica
Atlantic Ocean
Caribbean Sea
Cap Melville
Carib Point
Cabrits Nat. Park
Paineville
Clifton
Morne aux Diables
861 m
Vieille Case
Guillet
Thibaud
Hampstead Beach
Anse Du Mé
Dubuc Point
La Taille Bay
Douglas Bay
Fort Shirley
Prince Rupert Bluff Point
North R.
Belmanier
Hampstead
Calibishie
Larieu
Crompton Point
Pointe Baptiste
Portsmouth
Prince Rupert Bay
Batibou R.
Wesley
Glanvillia
Hampstead R.
Melville Hall Airport
Londonderry Bay
Picard R.
Northern Forest Reserve
Mango Hole Bay
Marigot
Pointe Ronde
Melville Hall R.
Pagua Bay
Dublanc
Dublanc R.
Morne Concorde
618 m
Bataka
Bioche
Anse Mulâtre
Morne Diablotins
1447 m
Salibia
Colihaut
Pagua R.
Anse Maho
Carib Reserve
Coulibistri
Morne Raquette
Raymond Bay
Morne Frazer
692 m
Castle Bruce
Macoucheri R.
Salisbury
St. David Bay
Mero
Layou R.
Good Hope
Castle Bruce R.
Grand Marigot Bay
St. Joseph
Pointe à Peine
Petite Soufrière
Petite Soufrière Bay
Belfast R.
Pont Cassé
Rosalie
Rosalie R.
Morne Trois Pitons
1380 m
Morne Trois Pitons Nat. Park
Rosalie Bay
Mahaut
Boeri Lake
Massacra
Check Hall R.
Morne Macaque
1221 m
Freshwater Lakes
Roger
Laudat
Pringles Bay
Canefield Airport
Riv. Ouayaneri
Pointe Giraud
Canefield
Trafalgar Falls
Trafalgar
Boiling Lake
La Plaine
Boetica
Woodbridge Bay
Roseau R.
Desolation Valley
Watt Mountain
1224 m
Botanical Gardens
Roseau
Charlotte Ville
Giraudel
Delices
Pointe Coco
Loubiere
Morne Anglais
1122 m
Pointe Mulâtre Bay
Bellevue Chopin
Pichelin
Pointe Michel
Geneva R.
Petite Savane
Morne Plat Pays
803 m
Fond St.Jean
Berekua
Anse Bateaux
Grand Bay
Soufrière
Soufrière Bay
Scotts Head Village
Scotts Head
Pointe des Fous
N
4 km

herrscht kein Mangel. Am leichtesten erreichbar sind die **Trafalgar Falls** im Südwesten.

Da im gesamten Inselinneren so gut wie niemand wohnt, kann der Regenwald sprießen und die Tierwelt bleibt (weitgehend) unbehelligt. Der schönste Papagei, die Kaiseramazone (*Sisserou* genannt) ist allerdings vom Aussterben bedroht. In den letzten Jahren wurden Reservate eingerichtet. Die meisten Naturattraktionen befinden sich im **Morne Trois Pitons National Park** (östlich von Roseau), dessen drei Gipfel in mystischen Nebel gehüllt sind. Auf 850 m Höhe liegen zwei **Freshwater Lakes**, von einer wild sprießenden Vegetation umgeben.

Die Temperaturen auf dem schwülen Eiland schwanken zwischen 24 und 29 °C, im Gebirge kann es sich auf 15 °C abkühlen. Dort fallen auch bis zu 650 cm Niederschlag, an den Küsten nur 180 cm. In der Regenperiode von Juni bis Oktober ist die Insel von Hurrikanen bedroht.

Sehenswürdigkeiten

Roseau wurde 1979 fast vollständig vom Hurrikan »David« zerstört. Da verzeiht man der Hauptstadt, wenn ihre Häuser einen etwas windschiefen Eindruck machen. Nach einem Brand 1805 wurde die Stadt mit einem rechtwinkligen Straßennetz wiederaufgebaut. Aus dieser Zeit stammt auch die Hauptpost. Im Rathaus gibt es eines der letzten Sklaven-Gatter der Karibik. Auch die **Botanical Gardens** unterhalb Morne Bruce, 1890 angelegt, wo 150 verschiedene Baumarten zu sehen sind, wurden vom Hurrikan in Mitleidenschaft gezogen, haben sich aber schon wieder erholt. Das **Old Mill Cultural Centre** (Mo–Fr 8–16 Uhr) in der Nähe des Flughafens dokumentiert Dominicas agrarische Vergangenheit.

Portsmouth, die zweitgrößte Stadt, hat einen malerischen Hafen. **L'Escalier Tête Chien** sind natürliche Basaltstufen, die bis ins Meer hinabreichen und um die sich viele Legenden ranken.

Auf der Straße zwischen Roseau und Marigot

Reisedaten

Auskunft

Dominica Tourist Office
1 Collingham Gardens
London SW5 0HW
✆ (0044-171) 835-1937, Fax 373-8743

Division of Tourism
National Development Corporation
P.O. Box 73
37 Cork St., Roseau
✆ (809) 448-2351, Fax 448-5840

An- und Abreise
Die beiden Flughäfen **Melville Hall** im Nordosten und **Canefield Airport** nahe Roseau haben kurze Rollbahnen und können nur von Inselhüpfern angesteuert werden, falls das Wetter dies zuläßt. Zu den internationalen Flughäfen auf Antigua, Guadeloupe, Martinique, St. Lucia und Barbados bestehen tägliche Verbindungen (z.B. mit LIAT, Air Guadeloupe oder Air Martinique). Die Insel ist über das französische Fährsystem erreichbar: tägl. von Guadeloupe in zweieinhalb Stunden und von Martinique in zwei Stunden: Caribbean Express, Fort-de-France, Martinique, ✆ (596) 60 12 38. – Die *departure tax* beträgt EC $ 15 plus *security service charge* von EC $ 5.

Einkaufen
Dominica ist Niemandsland für Kaufwütige, aber auf ein Souvenir muß auch hier niemand verzichten, z.B. Marmelade und Sirup von Tropicrafts, Queen Mary St. in Roseau (✆ 448-2747). Samstagsmorgens findet der Markt in Roseau statt.

Essen und Trinken
Das Angebot an Restaurants ist noch ein wenig unterentwickelt. Auf den Speisekarten finden Sie alle antillianischen Spezialitäten wie Aguti, Manicou, Krabben und Callaloo. Nur das *Mountain chicken* (hier *Crapaud*) hat zwischen dem 1.3. und 31.8. Schonzeit.
Die meisten Restaurants (außer in den Hotels) sind von Samstagnachmittag bis Montag geschlossen.

La Robe Créole
Victoria St., Roseau
✆ 448-2896
Spezialität: wilde Erdbeeren. Gilt als beste kreolische Küche. $$$

Stilles Roseau

World of Food
Queen Mary St., Roseau
✆ 448-3286
Lokale Mahlzeiten zu jeder Tageszeit. $$

Callaloo Restaurant & Bar
King George V. St. 66, Roseau
✆ 448-2986
Mo–Sa 7.30–22 Uhr
Kreolische Spezialitäten. $$

Guiyave Restaurant & Patissière
15 Cork St., Roseau
✆ 448-2930
Mo–Fr 8–15, Sa 9–15.30 Uhr
Mittags Imbiß und Salattheke. $

Festivals und Ereignisse

Februar: Karneval

Juli/August: DOMFESTA Festivals of Arts (Kunsthandwerk, Theater, Konzerte)

Letzter Freitag im Oktober: *Créole Day* »Journée Créole« (das Essen der Insel wird gefeiert)

3./4. November: *Independence Day* (Unabhängigkeitstag)

Geld

Währungseinheit ist der Eastern Caribbean Dollar (EC $). Euroschecks werden nicht akzeptiert. Öffnungszeit der Banken: Mo–Do 8–13, Fr 8–17 Uhr.

Nachtleben

Aktionsreiches Nightlife darf man nicht erwarten. Hotels wie das Anchorage oder das Sisserou bieten Entertainment. In Roseau (Good Times, Warehouse) und Canefield (Aqua Cade, Shipwreck) gibt es Discos.

Presse/Radio/TV

Drei UKW-Radiosender (DBS 88.1, VOI 96.1, VOL 102.1) und zwei Cable-TV-Programme (Marpin-TV mit 9 Kanälen und Video 1 mit 2 Kanälen) lassen keine Langeweile zu. Statt einer Tageszeitung gibt es den »New Chronicle« (seit 1909), die »Offical Gazette« und die »Voice of the Island« wöchentlich.

Reisen auf der Insel

Will man ein Auto mieten, muß man sich am Flughafen oder beim Traffic Department, High St., Roseau (Mo–Fr) für 20 EC $ (12 US $) für einen Monat eine lokale Fahrerlaubnis ausstellen lassen; Mindestalter 25 Jahre und 2 Jahre Fahrpraxis sind Voraussetzung. Wie im Commonwealth wird links gefahren. Neben den internationalen Autovermietern gibt es eine ganze Reihe einheimischer Firmen.

Es gibt zwar Minibusse, aber es ist fast unmöglich, damit irgendein Ziel auf der In-

Feierabend

sel zu erreichen und am selben Tag zurückzukehren. Taxis sind recht teuer, sie haben auch hier ein »H« für *Hire* auf dem Nummernschild.

Sport
Die Einheimischen spielen die Inselsportarten Basketball, Kricket und Fußball. Die Fremden kommen zum Tauchen und Schnorcheln (siehe Tauch-Kapitel). Manche Hotels, z.B. Castaways und Reigate Hall, haben Tennisplätze.

Strände
Die Strände sind zwar nicht schwarz, aber stahlgrau vom vulkanischen Sand. Ausnahmen sind ein paar helle Strände (Hampstead Beach, Pointe Baptiste, Woodford Hill Bay) an der Nordwestküste. Erfrischend ist ein Bad in einem der vielen Inlandflüsse und Wasserfälle wie Emerald Falls.

Wandern
Bei soviel Natur lohnt der Gehversuch (aber stets mit Führer, der von der Tourist Information oder vom Hotel vermittelt wird). Wanderrouten im Nationalpark führen um den dreigipfligen Morne Trois Pitons (höchster Punkt 1 380 m) und die Freshwater Lakes herum; auch das Personal im Nationalpark gibt Auskunft.

Unterkunft
Von den über 500 Hotels, Gäste- und Apartmenthäusern hat kein einziges mehr als 100 Zimmer. 5 % *government room tax* und 10 % *service charge* müssen, wie anderswo, zum Preis hinzugerechnet werden.

Fort Young Hotel
P.O. Box 519
Roseau
✆ 448-5000, Fax 448-5006
33-Zimmer-Stadthotel in einem Fort. $$$

Evergreen Hotel
P.O. Box 309
Castle Comfort, 2 km südlich von Roseau
✆ 448-3288

Historische Balustrade

Fax 448-6800
Familienbetrieb an der See. $$$

Layou Valley Inn
P.O. Box 196
Layou Valley
✆ 448-96203
Fax 448-5212
Kleines Gästehaus mit guter Küche und Blick auf die Berge. $$

Floral Gardens
P.O. Box 192
Concord Village
✆ und Fax 445-7636
Ab vom Schuß: Gästehaus an der Nordostküste. $$

Wichtige Telefonnummern
Polizei, Notarzt, Feuerwehr ✆ 999

NEVIS – INSELINFOS

Der dunkelgrüne, perfekt geformte Bergkegel des Nevis Peak ragt wie ein künstliches Monument aus dem Meer. Doch was am Anfang fast ein wenig unheimlich wirkt, entpuppt sich bei näherem Hinsehen als ein zivilisiertes Refugium, auf dem man es in der karibischen Fertigkeit des Garnichtstuns, dem *limin'*, zu hoher Kunst gebracht hat. Ein idealer Platz also für alle, die gerne stundenlang im Sessel auf der Veranda sitzen oder über namenlose Schotterstraßen durch die Landschaft streifen. Nevis gehört mit St. Kitts zu den British Leeward Islands.

Inseldaten

Geschichte

1493: Kolumbus nannte die in Wolken gehüllte Insel *Nuestra Señora de las Nieves*, Unsere Frau des Schnees. – 1607: 143 Engländer lassen sich nieder und werden prompt von den Spaniern auf St. Kitts attackiert. – 1680: Erbeben, gefolgt von einer vernichtenden Welle. – 1706: Franzosen erobern den Berg im Meer. – 1783: *Back to Britain*. Anlage großer Plantagen. Wegen der vorhandenen heißen Quellen und Thermalwasser entsteht nahe Charlestown auf einem Hügel ein Thermalbad, das zum bedeutendsten Kurbad der westindischen Inseln avanciert. – 1882: Vereinigung von Nevis und St. Kitts zu einer Kolonie. – 1950: Schwere Hurrikanschäden. – 1983: Unabhängigkeit des kleinsten Antillenstaates Nevis & St. Kitts mit der Hauptstadt Basseterre auf St. Kitts. – 1989: Hurrikan »Hugo« schlägt zu.

Insel in Zahlen

Fläche: 93 km², d.h. etwa so groß wie Montserrat (mit St. Kitts 269 km²); 10 000 Einwohner (mit St. Kitts 42 000). In Charlestown leben knapp 2 000 Leute. Zwei Drittel der Bevölkerung sind Schwarze, ein Drittel Kreolen. Angebaut werden Baumwolle, Kokospalmen und Gemüse. Die Landhäuser der Ex-Zuckerrohrplantagen wurden zu Hotels umfunktioniert. Die Hälfte der Besucher kommt aus den USA. Gesprochen wird Englisch.

Landschaft

Von seinem Nachbarn St. Kitts ist Nevis durch **The Narrows** getrennt, die teilweise nur fünf Meter tiefe und drei Kilometer breite Passage. Der **Nevis Peak** (985 m) läßt sich nur selten sehen und auch nur schwer ersteigen (nur für Klettererfahrene). 60 Vogelarten leben auf der Insel. Südlich von Charlestown liegen Landeplätze für große Reiherschwärme, die sich in der Dämmerung dort niederlassen. Am **Round Hill** im Norden sieht man Pelikane, Lachmöwen und gelbe Finken.

Sehenswürdigkeiten

Charlestown hat eine der besterhaltenen Altstädte der Karibik. Schmuckstücke sind die **Cotton Ginnery** (zeitweise noch in Betrieb), das **Court House** (mit Bibliothek), die **Methodist Church** von 1844 und der (allerdings geschlossene) **Jüdische Friedhof**.

Auf der **Hamilton Estate** kann man die intakten Maschinen einer Zuckerfabrik besichtigen. Weitere interessante Gebäude sind das **Bath Hotel & Spring House** (1778), einst Thermalbad und Grandhotel für reiche Europäer, wo man ein Bad nehmen kann. Admiral Nelson, der sein Hauptquartier auf Antigua hatte, heiratete auf Nevis die Tochter des Gouverneurs. Das **Nelson Museum** auf der **Morning Star Plantion** besitzt zahlreiche Erinnerungsstücke des prominenten Besuchers. **The Hermitage** ist wohl das älteste Holzgebäude der Karibik (1740).

Obwohl hurrikangeschüttelt, halten die Insulaner ihr historisches Erbe in Schuß. Nur das **Fort Charles** (1790) liegt in Trümmern.

◁ *Uhrturm in Basseterre, der Hauptstadt von Nevis & St. Kitts*

Reisedaten

Auskunft

St. Kitts & Nevis Department of Tourism
10 Kensington Court
London W8 5DL, Großbritannien
✆ 0044-(171) 376 08 81, Fax 937 36 11

Nevis Tourist Office
Main St.
Charlestown
✆ 469-5521, Fax 469-1806

An- und Abreise
Newcastle Airport mit der handtuchschmalen Piste an der Nordküste wird von Europa aus nicht direkt angeflogen. Zwischen Nevis und St. Kitts verkehren täglich Fähren.

Einkaufen
Die Töpferwaren der Newcastle Pottery sind aus dem roten Nevis-Lehm gebrannt.

Essen und Trinken

Montpelier Plantation Inn
St. John's
✆ 469-3462
Kolonialambiente à la carte (vorher reservieren) am Hang des Nevis Peak. $$$

Unella's
Charlestown
✆ 469-5574
Hafenlokal mit viel Fisch auf der Karte. $$

Festivals und Ereignisse
Ende Juli/Anfang August: *Culturama* (Kunst und Kunsthandwerk, Calypso-Wettbewerb, Karneval)

Geld
Währungseinheit ist der Eastern Caribbean Dollar (EC $).

Presse/Radio/TV
Die »Voice of Nevis« läßt sich im Radio täglich vernehmen.

Reisen auf der Insel
Man kann über die holprigen Straßen mit dem Taxi oder mit einem Mietwagen fahren, und zwar links. Dafür bracht man eine lokale Fahrerlaubnis (12 US $). Busse verkehren unregelmäßig.

Strände
Man geht zum **Pinney's Beach** nördlich von Charlestown, aber auch noch weiter nördlich gibt es den einen oder anderen Sandstreifen.

Unterkunft
Nevis ist berühmt für seine gediegenen Landhäuser.

Hermitage Inn
St. John's Parish
✆ 469-3477, Fax 469-2481
250 Jahre altes Landhaus mit Garten und Pferden im Stall. $$$$

Four Seasons Resort
P.O. Box 565
Pinney's Beach, Charlestown
✆ 469-1111, Fax 469-1112
Neugebaute Häuser am Palmenstrand mit edler Ausstattung. Mit Pool und Golfplatz. $$$$

Sea Spawn Guesthouse
Charlestown
✆ 469-5239
Praktisch zwischen Stadt und Strand. $

Wichtige Adressen und Telefonnummern

Deutsches Honorarkonsulat
Bathridge
✆ 469-1445

Notruf/Polizei/Feuerwehr ✆ 911
Ambulanz ✆ 2552
Vorwahl für Deutschland ✆ 9-011-49

Kopflastig

SABA – INSELINFOS

int. Vorwahl: ✆ 00599-4

Saba, sprich *Say-ba*, das sich selbst den Titel der »unangetasteten Königin« gab, und das in Wirklichkeit die oberste Spitze eines Vulkankegels ist, hat keine Strände und – außer seiner 400 m langen Landepiste – auch kein flaches Land. Geliebt wird die Schöne von Tauchern und Naturfreunden.

Inseldaten

Geschichte

3000 v. Chr.: Letzter Vulkanausbruch. – 1632: Schiffbrüchige englische Seeleute werden an das unbewohnte Land gespült. – 1635: Die Franzosen wollen Saba haben. – 1640: Holländer lassen sich nieder. – 1816: Nach 12 Besitzerwechseln wird und bleibt die Insel niederländisch. – 1943: Erster Straßenbau; bis dahin gab es nur Trampelpfade und Treppen. – 1963: Ein Flugfeld wird angelegt, 2 Jahre später das Fernsehen eingeführt. – 1987: Einrichtung eines Unterwasserparks.

Insel in Zahlen

Der nächste Nachbar ist Sint Maarten (72 km nördlich). Mit gerade mal 13 km² Fläche und 3 km Radius zählt das rundliche Inselchen zu den karibischen Zwergen (1 200 Einwohner). Die einzige Straße führt über 10 km von Fort Bay im Süden über **The Bottom**, den größten Ort der Insel (150 Einwohner) zum Flugplatz im Norden. Die Hälfte der Einwohner ist weiß, die andere schwarz. Amtssprache ist Holländisch, Umgangssprache Englisch. Ursprünglich waren die Insulaner Bauern (Kaffee, Zucker, Indigo) oder Seefahrer. Durch den Flughafen wurde die Insel urlaubsreif; es kommen etwa 25 000 Gäste im Jahr, zumeist jedoch *daytripper*. Strom 110 Volt.

Landschaft

Ganz so »unangetastet« wie behauptet ist die Liliputkönigin denn doch nicht. Die fleißigen Landwirte haben die grünen Buckel über Jahrhunderte terrassiert und kultiviert. Der Tatsache, daß sich Ackerbau und Viehzucht immer weniger lohnten, ist es geschuldet, daß der Wald zurückkehrte. Von 870 m Höhe (Mt. Scenery) fallen die Berghänge unterm Meeresspiegel etwa ebenso weit in dunkle Tiefe ab. Taucher loben die Jungfräulichkeit des Marine Park, wo die Sicht bis 50 m beträgt.

Sehenswürdigkeiten

Die vier Dörfer mit ihren weißroten Häusern sind hübsch anzusehen. In Windwardside sind in einem Kapitänshaus von 1890 ein Museum und das Fremdenverkehrsamt untergebracht.

Reisedaten

Auskunft

Antillenhuis
Badhuisweg 173-175
NL 2597 Den Haag
✆ (0031-70) 351 28 11, Fax 351 27 22

◁ *Karneval und Saba Days sind die herausragenden Feste auf Saba*

SABA – INSELINFOS

int. Vorwahl: ✆ 00599-4

Saba Tourist Board
P.O. Box 527
Windwardside
✆ 632 31, Fax 632 74

An- und Abreise
Der Juancho E. Yrausquin Airport wird mehrmals täglich von Sint Maarten aus von den Propellermücken der Windward Islands Airways angeflogen. Außerdem gibt es dreimal wöchentlich eine Fährverbindung zu Sint Maarten.

Einkaufen
Tragbares Geschenk: Saba-Spitzen.

Essen und Trinken

Scout's Place
Windwardside
✆ 622 05
Kontinentale Küche.

The Serving Spoon
The Bottom
✆ 632 25
Westindische Gerichte.

Festivals und Ereignisse
Juli: Karneval und Saba-Sommer-Festival
Anfang Dezember: *Saba Days*

Geld
Währungseinheit ist der Antillen-Gulden oder -Florin, unterteilt in Cents (1,8 NAf = 1 US $). Traveller-Schecks werden fast überall genommen, Kreditkarten nur selten.

Nachtleben
Es ist nicht allzuviel los, aber in Windwardside und The Bottom gibt es je eine Disco, die bis zum Morgen auf hat.

Reisen auf der Insel
Man kann per Taxi oder Mietwagen bzw. -roller fahren, auch Trampen ist üblich.

Sport
An der **Fort Bay** legen Jachten und Fähren an. Wo die besten Tauchgründe sind, das behalten die beiden konkurrierenden Basen für sich (sie organisieren auch Angeltrips). Der spektakulärste Wanderweg führt über 1 064 Stufen hinauf zum **Mount Scenery**.

Unterkunft
Typische Resorts gibt es keine. Stattdessen häusliche Hotels. 5 % *room tax* und (meist) 10 % *service charge* wird dazugerechnet.

SABA – INSELINFOS

int. Vorwahl: ✆ 00599-4

Captain's Quarters
Windwardside
✆ 622 01
Fax 623 77
Kapitänshaus von 1900 mit 10 Zimmern; Taucher-Eldorado. $$$

Cranston's Antique Inn
The Bottom
✆ 632 18
6 Zimmer in einem 130 Jahre alten Haus. $$

Wichtige Telefonnummern
Polizei ✆ 632 37
Hospital ✆ 632 88
Taxi ✆ 160
Vorwahl nach Deutschland ✆ 0049
Vorwahl innerhalb der niederländischen Antillen ✆ 03

Alles auf einen Blick: Saba von oben

SINT EUSTATIUS – INSELINFOS

int. Vorwahl: ✆ 00599-3

Hier hat die Zeit Patina angesetzt. Auf dieser Insel, von seinen Bewohnern liebevoll *Statia* genannt, hat man es bislang nicht einmal geschafft, mit der eigenen Rückständigkeit Reklame zu machen. Die wenigen grauen oder ockergelben Strände lösen nicht gerade Begeisterungsstürme aus, aber wer Wracks und Ruinen mag, gern einmal langsam lebt und abgeschnitten sein will von der Welt, ist herzlich eingeladen.

Inseldaten

Geschichte
1493: Kolumbus segelt vorbei. – 1636: Der holländische Kaufmann Jan Snouck läßt auf der unbewohnten Insel Tabak anbauen, der nach Europa exportiert wird. Dafür werden Sklaven eingeführt. – 1776: Fort Oranje bringt als erster ausländischer Hafen der Flagge der kurz zuvor gegründeten USA ein Ehrensalut. – 1781: Aus Rache läßt England die Insel verwüsten. Die alte Hafenstadt wird vom Meer verschluckt (heute eine Fundgrube für Taucher). – 1816: Die zwischen England und Frankreich umkämpfte Insel fällt an Holland. – 1863: Verspätete Sklavenbefreiung. Die Insel, von den Sklaven verlassen, versinkt in Bedeutungslosigkeit. – 1985: Die ersten Touristen kommen – meist zu Kurzbesuchen – auf die Insel, die ein autonomer Teil der Niederlande ist.

Inseldaten
Die 21 km² große Insel liegt zwischen Saba und St. Kitts. Fast alle 1 800 Insulaner sind Nachkommen der Sklaven und außerdem Einwohner der **Hauptstadt Oranjestad**, des einzigen Ortes der Insel. Größter Arbeitgeber ist die Verwaltung mit fast 300 Angestellten. Ein Öl-Terminal beschäftigt 80 Arbeiter. Der Tourismus läuft sehr schleppend an. Obwohl man zu Holland gehört, wird Englisch gesprochen. – Strom 110 Volt.

Landschaft
Die sehr felsige, von Regenwald überzogene Insel wird am Südende von dem erloschenen Vulkan **The Quill** (600 m) überragt.

Sehenswürdigkeiten
Das auf Klippen errichtete **Oranjestad** hat eine Oberstadt mit dem gut erhaltenen **Fort Oranje**

(1636) und eine Unterstadt. Ferner erwähnenswert sind das alte, gerade restaurierte **Rathaus**, das **Historische Museum** im **Simon Donker House**, einem Gebäude aus dem 18. Jh. (Mo–Fr 9–16 Uhr) und die Ruine der **Synagoge** (1738). In den Bergen gibt es zahlreiche Fundstätten aus präkolumbischer Zeit.

Reisedaten

Auskunft

Antillenhuis
Badhuisweg 173–175
2597 JP Den Haag, Niederlande
✆ (0031-70) 351 28 11, Fax 351 27 22

St. Eustatius Tourist Board
Fort Oranje
Oranjestad
✆ 824 33, Fax 823 24

An- und Abreise
Vom President Roosevelt Airport (hier auch Tourist Board, ✆ 826 20) fliegen Windward Islands Airways täglich von und nach Sint Maarten und LIAT zweimal wöchentlich von und nach St. Kitts. Die *departure tax* beträgt 10 US $.

Essen und Trinken
Die besten Eßlokale findet man in den Hotelrestaurants, z.B. französisch im **La Maison**

◁ *Kinder auf der Insel Saba*

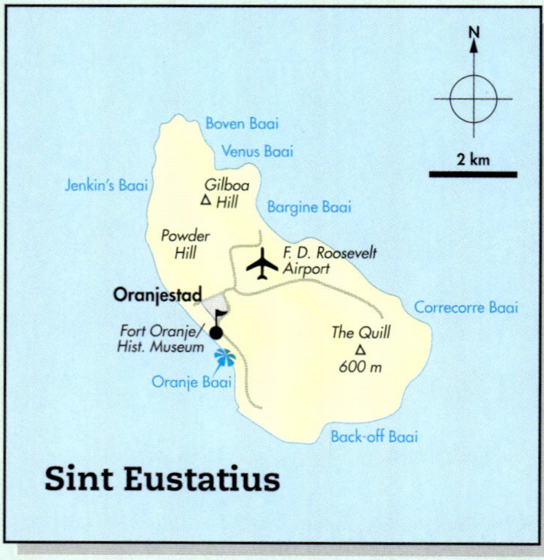

Sur la Plage oder mehr heimische Küche im **L'Etoile**.

Festivals und Ereignisse
Juli: Karneval
16. November: *Statia-America Day*

Geld
Währungseinheit ist der Niederländische Antillen-Gulden oder -Florin (1,8 NAf = 1 US $). Dollars und Traveller-Schecks werden fast überall, Kreditkarten nur selten akzeptiert.

Blech und Blätter

Nachtleben
Nur Samstagnacht.

Presse/Radio/TV
Radiostatia informiert über den letzten Schrei der Insel.

Reisen auf der Insel
Die Insel kann man mit Mietwagen oder Taxi, aber auch auf Schusters Rappen kennenlernen.

Sport
Für Taucher gibt es exzellente Gründe und jede Menge Wracks.

Strände
Der **Oranje Beach** auf der Leeward-Seite ist sicher, der **Zeelandie Beach** hat schwere Wellen zum Surfen.

Unterkunft
Außer den Hotels gibt es auch preiswertere Apartments für Selbstversorger (über Tourist Board).

The Old Gin House
P.O. Box 172
Lower Town
Oranjestad
✆ 823 19, Fax 825 55
In einem historisches Haus am Hafen aus dem Jahr 1730. Die Gästezimmer sind mit alten Möbeln eingerichtet. $$$

Golden Era Hotel
P.O. Box 109
Lower Town
Oranjestad
✆ 823 45, Fax 824 45
Strandhotel. $$

Wichtige Telefonnummern

Polizei ✆ 823 33
Ambulanz ✆ 823 71
Arzt ✆ 822 11
Taxi ✆ 824 06, 823 14
Vorwahl für Deutschland ✆ 0049

ST.-BARTHÉLÉMY – INSELINFOS

int. Vorwahl: ✆ 00590

Insider sagen zu der höchst exklusiven Insel *St.-Barth*. Hier ist man happy. Die Reichen, die hier endlos Urlaub machen oder sich gleich ein Inseldomizil zulegen, scheint beim Aprés-Schwimmen nicht einmal die Meute der pauschal gebuchten Nachzügler zu irritieren. In der üppig grünen Tropenlandschaft liegen versteckt die luxuriösen Hotels mit gepflegtem Service und ausgezeichneter Küche.

Inseldaten

Geschichte

1493: Kolumbus entdeckt die Insel und benennt sie nach seinem Bruder Bartholomeo. Sie bleibt unbewohnt, die einzigen regelmäßigen Besucher sind Kariben. 1650: Franzosen aus St. Kitts versuchen vergeblich sich festzusetzen. – 1651: Der Malteserorden übernimmt die Insel. – 1694: Bretonische und normannische Neusiedler gründen das heutige Gustavia, können sich aber nicht halten. – 1758: Englisches Intermezzo. – 1784: Schweden kaufen die Insel von Frankreich, geben Gustavia den Namen und machen es als Freihafen zu einem Handelszentrum, das aber unter Erdbeben und Hurrikanen leidet. – 1878: Frankreich gewinnt St.-Barth zurück. – 1963: Die Insel wird dem französischen Übersee-Département Guadeloupe angegliedert.

Insel in Zahlen

Auf einer Fläche von 25 km² leben 5 000 Einwohner. Die Nachbarinsel St.-Martin liegt 30 km entfernt. Die meisten Insulaner sind blonde, weißhäutige und katholische Nachfahren bretonischer und normannischer Seeleute. Sie leben von den dollarschweren Urlaubern, die diskret bedient werden. Konflikte haben andere. Es gibt kaum Schwarze und weder Armut noch Arbeitslosigkeit. Nicht Inselflucht ist hier das Problem, sondern illegale Einwanderer. – Amtssprache ist Französisch, aber auch Englisch wird gesprochen. – Strom: 220 Volt, 60 Hz, französische Steckdosen, Adapter nötig.

Landschaft

Steil sind die Hügel, samtig die Täler, türkisblau die Lagunen und hell die Strände. Die Kulisse für die kontostarken Müßiggänger könnte nicht besser erfunden sein. Außer an den zahllosen Bars ist die Luft im allgemeinen trocken (bei Temperaturen zwischen angenehmen 20 und 28 °C). Es gibt so gut wie keinen Regen, keinen einzigen Fluß, dafür aber eine aufwendige Entsalzungsanlage.

Sehenswürdigkeiten

Das rotbedachte **Gustavia** im Südwesten ähnelt einer schmuck herausgeputzten Puppenstube. In der Bucht kreuzen schneeweiße Segelboote wie eitle Schwäne. Das alte Rathaus stammt aus schwedischer Zeit. Es gibt ein **Museum** (Mo–Fr 8.30–11.30 und 15–17.30 Uhr). Im Fischerdorf **Corossol** trägt man sonntags zum Kirchgang noch Trachten; in **St.-Jean** sieht man und wird gesehen.

Reisedaten

Auskunft

Fremdenverkehrsbüro von Guadeloupe
Bethmannstr. 58
60331 Frankfurt/Main
✆ (069) 28 33 15, Fax 28 75 44

Office du Tourisme
Quai du Général de Gaulle, Gustavia
97133 St.-Barthélémy
✆ 27 87 27, Fax 27 74 47

An- und Abreise
Windward Islands Airways, Virgin Air und Air St.-Barthélémy fliegen mehrmals täglich von und nach St.-Martin in 15 Minuten (dort-

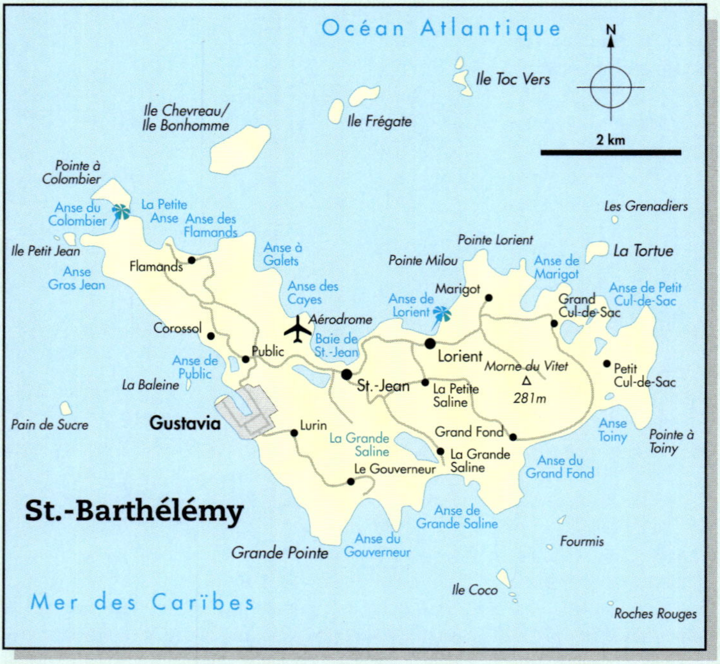

hin auch Fähren), Guadeloupe (50 Minuten), außerdem nach St. Thomas und Antigua. Per Motorboot kommt man in 45 Minuten von St. Martin nach St.-Barth.

Einkaufen
Manche meinen, in Gustavia gibt es mehr zu kaufen als zu sehen in den zahlreichen Boutiquen, Galerien und Feinkostläden.

Essen und Trinken

Castelets
Morne Lurin
✆ 27 61 73
Romantisches Lokal in den Hügeln mit französischer Küche. $$$

La Toque Lyonnaise
Im El Sereno Beach Hotel
Grand Cul-de-Sac
✆ 27 64 80
Kreative Karte. $$$

François Plantation
Colombier
✆ 27 78 82
Koloniales Ambiente in einer Anlage mit Luxusbungalows. $$$

Festivals und Ereignisse
Januar: St.-Barth Musikfestival (10 Tage Klassik, Folk, Jazz, Ballett)
Dreikönigssonntag bis Aschermittwoch: Karneval
Mai: *St.-Barth Cup International Regatta*
24. August: *St.-Barth Day*

Geld
Währungseinheit ist der französische Franc, viele Waren sind auch mit US $ ausgezeichnet. Mit Kreditkarte kann man überall bezahlen und an Geldautomaten Geld abheben.

Presse, Radio und TV
»France Antilles« erscheint täglich außer Sonntag, Radio St.-Barth gibt den Ton an.

Reisen auf der Insel
Out: Taxi mieten. In: mit dem Mini-Motorrad, Motorroller und Moped durch die kurvenreichen Straßen düsen.

Sport
Wassersport in allen Variationen, vom Schnorcheln bis zum Hochseeangeln.

Strände
22 an der Zahl. **Lorient** lockt die Surfer an, doch **Colombier**, einst Rockefellers Lieblingsstrand, ist kaum zu schlagen.

Unterkunft

Relais & Châteaux Filao Beach
B.P. 167, Baie de St.-Jean
97133 St.-Barthélémy
✆ 27 64 84, Fax 27 62 24
Kleines Haus mit 30 Zimmern und Swimmingpool in einem Garten an einer langgezogenen Sandbucht. Lieblingsstrand der Windsurfer. $$$$

Saint- Barth Beach Hotel
B.P. 81
Grand Cul-de-Sac
✆ 27 60 70, Fax 27 75 57
Familiäres 36-Zimmer-Hotel direkt am Meer mit Swimmingpool, Tennisplatz und Windsurf-Schule. $$$–$$$$

Village St.-Jean
B.P. 23, St.-Jean
✆ 27 61 39, Fax 27 77 96
16 Bungalows mit Kochnische und 4 Zimmer im Hotel, entspannte Atmosphäre. $$$–$$$$

Wichtige Telefonnummern
Polizei ✆ 27 66 66
Hospital ✆ 27 60 35
Flugplatz ✆ 27 65 41, 27 63 33
Vorwahl für Deutschland ✆ 19 49

Die Bucht von Gustavia

Die südlichste der amerikanischen Jungferninseln liegt etwas am Rande und wird bei weitem nicht so überrannt wie z.B. St. Thomas. Dabei hat St. Croix – sprich *Sänt Croi* – nicht nur leere Strände, sondern auch zwei schöne Städte zu bieten. Für solche, die sich etwas abseits von der Hauptroute ausruhen möchten, ist sie deshalb durchaus eine Überlegung wert.

Inseldaten

Geschichte

1493: Die Kariben vertreiben Kolumbus von ihrem »Ay-Ay«-Eiland. – 1650: Nachdem zuerst die Engländer den Spaniern weichen mußten, werden diese etwas später von den Franzosen vertrieben. – 1653: Malteserorden übernimmt die Insel und verkauft sie weiter an Frankreich. – 1733: Dänemark, der neue Besitzer, läßt Sklaven für die Zuckerrohrplantagen einführen. – 1776: Bau der Festung Frederiksted. – 1835: Kurz vor der Sklavenbefreiung gibt es über 300 Plantagen, und etwa 40 000 Menschen leben auf der Insel. – 1917: St. Croix wird an die USA verkauft. Zu diesem Zeitpunkt herrscht Depression (die Population hat sich halbiert). – 1954: Ein neues Gesetz setzt eigene Inselregierung ein und definiert die Virgin Islands als Teil, aber nicht als Bestandteil der USA (»unincorporated area«) – 1970: Erste demokratische Wahlen und sprunghafter Anstieg der Bevölkerungszahl durch Bau einer Ölraffinerie und einsetzenden Tourismusboom. – 1972: Unruhen richten sich hauptsächlich gegen die weißen Unternehmer. – 1989: Hurrikan »Hugo« läßt kaum ein Haus ungeschoren.

Insel in Zahlen

Mit einer Fläche von 213 km² zählt die größte der US Virgin Islands zu den wirklich kleinen Antillen (kleiner als Tobago). Dazu ist die Insel durch ein dichtes schachbrettartiges Straßenraster optimal erschlossen. – Die Hauptorte Christiansted (2500 Einwohner) und Frederiksted (1100 Einwohner) sind im Verhältnis zur Gesamtbevölkerungszahl von 50 000 eher klein. – Vor allem im flachen Süden wird viel Landwirtschaft betrieben, sogar Viehzucht für Milchproduktion und Fleischexport. – Die gigantische, fast 500 ha bedeckende »Hess Oil Refinery« direkt neben Universität und Flughafen beschäftigt jeden zehnten Insulaner. Die Arbeitslosigkeit liegt unter 3 %. – Man spricht Englisch. Zwei Drittel der Einwohner sind schwarz, der Rest jeweil zur Hälfte weiß und gemischt. – Der Tourismus zeigt sich mit 200 000 Besuchern, davon 80 % US-Amerikaner, eher bescheiden. – Strom: 120 Volt, 60 Hz.

Landschaft

Felsen an der Nordküste, geschlossener Wald im hügeligen Westen, Korallenriffe an der Ostspitze und weite Weideflächen im Süden. St. Croix ist zwar kein vor Üppigkeit triefendes Tropeneiland, hat aber unterschiedlichste Landschaften zu bieten. Vogelfreunde werden am **Sandy Point** glücklich. Im **St. George Village Botanical Garden** blühen heute rund um die Sklavenhäuser einer Ex-Plantage Hibiskus und Bougainvillea.

Das kleine vorgelagerte **Buck Island** mit dem Buck Island Reef National Monument ist ein Tummelplatz für Taucher und Pelikane. An der Mündung des **Salt River** liegt, neben Mangroven und wichtigen amerindischen Zeugnissen, das Unterwasserlaboratorium »Aquarius«. Im **Cramer Park** im äußersten Osten kann man »Türkenkopf«-Kakteen sehen und Einheimische, die Picknick machen. Die **Mahogany Road**, die durch den sogenannten »Rain Forest«

führt, hat ihren Namen von den Baumriesen, an denen man vorbeifährt und aus denen einheimische Holzschnitzer Skulpturen fertigen. Für einen richtigen Regenwald ist es hier allerdings nicht feucht genug.

Naß wird man meist nur im Meer. Der durchschnittliche Niederschlag pro Jahr liegt bei lumpigen 112 cm. Die Temperatur pendelt zwischen 23 und 29 °C.

Sehenswürdigkeiten

Christiansteds Hafenviertel gehört zum Schönsten, was die Kleinen Antillen an Stadtarchitektur zu bieten haben. Die im 18. Jh. erbaute, längst unter Denkmalschutz gestellte Stadt war die Zentrale der dänischen West Indies. Ihr Baustil ist klassizistisch, jedoch mit Konzessionen an das tropische Klima. Die besten Beispiele sind das **Old Danish Customs House** (heute Bibliothek), das senfgelbe **Fort Christiansvaern** (1774), die **Gouverneursresidenz** (1747), das **Steeple Building** (heute Museum, Mo–Fr 8–17 Uhr) sowie die **Friedensfeld Moravian Church** (um 1750), die in Deutschland vorfabriziert wurde. Ebenfalls sehenswert ist **Frederiksted** mit einer alten dänischen Schule und der katholischen Kirche, die 1842 aus Korallenstein erbaut wurde. In der **Cruzan Rum Distillery** (West Airport Rd.), einer alten restaurierten Mühle, gibt es natürlich eine Probiertheke (Mo–Fr 8.30–12 und 13–17 Uhr, ✆ 772-0280).

Reisedaten

Auskunft

United States Virgin Islands Division of Tourism
Otto-Hahn-Str. 23
50997 Köln
✆ (022 36) 84 17 43, Fax 430 45

Visitors' Bureau
Old Scale House, Strand St.
Christiansted
St. Croix, Virgin Islands 00822
✆ 773-0495, 778-9259

Visitors' Bureau
Customs House Bldg., Strand St.
Frederiksted
St. Croix, Virgin Islands 00840
✆ 772-0357

An- und Abreise

Es gibt keine Nonstop-Flüge von Europa nach St. Croix. Man kann nach Antigua fliegen und weiter mit einer innerkaribischen Fluglinie. Amerikanische Fluggesellschaften landen in New York oder Atlanta zwischen, auf der Hinreise muß man dann eine Übernachtung einplanen. Vom

ST. CROIX – INSELINFOS

int. Vorwahl: ✆ 001-809

Platz im Schatten: Arkaden in Christiansted

Alexander Hamilton Airport (✆ 778-1061), 15 km südwestlich von Christiansted, kann man in einer halben Stunde mehrmals täglich nach St. Thomas fliegen (oder sich einen Hubschrauber für einen Rundflug mieten). Die Fähre fährt vom Pier in Frederiksted (✆ 772-0357) nach St. Thomas dauert fast einen Tag.

Einkaufen
Unter den Arkaden in Frederiksted, z.B. in der Strand St., kann man schattig einkaufen.

Essen und Trinken
Das Angebot ist gut, aber nicht atemberaubend. Ein Trinkgeld von 10 % wird erwartet.

Sprat Hall Plantation
Nördlich von Frederiksted
✆ 772-0305
Stilvoll speisen in einem 340 Jahre alten Plantagenhaus (auch Hotel); karibische und Fischspezialitäten. $$$

Comanche Restaurant
Strand St.
Christiansted
✆ 773-2665
Lunch westindisch oder US-like. So geschlossen. $$

Feiertage und Feste
Offizielle Feiertage wie in den USA (vgl. St. Thomas-Inselinfos)
April/Mai: St. Croix International Triathlon
Juni: *Children of the Caribbean Dance*
3. Juli: *Virgin Islands Emancipation Day* (Ende der Sklaverei 1848)
Erste Oktoberhälfte: *Mumm's Cup Regatta*
Dezember/Januar: Weihnachtsfestival (Von vor Weihnachten bis zum Ende der ersten Januarwoche finden Kostümparaden, Musik und Tanz statt.)

Geld
Währungseinheit ist der US-Dollar, Traveller-Schecks und die bekanntesten Kreditkarten werden akzeptiert.

Nachtleben
Die meisten Hotels bieten ihren Gästen Entertainment.

Presse/Radio/TV
Der »St. Croix Avis« kommt täglich, außerdem gibt es Tageszeitungen aus den USA. Die Radiotransistoren (UKW WJKC 95, WVIQ 99.5 und WVIS 106.1, Mittelwelle WSTX 970 und WRRA 1290) und TV-Kabel glühen.

Reisen auf der Insel
Minibusse und Taxen pendeln zwischen Christiansted und Frederiksted. Dabei dürfen 32 km/h in der Stadt und 50 km/h auf der Landstraße nicht überschritten werden. Es herrscht Linksverkehr. Will man selbst fahren, braucht man eine lokale Fahrerlaubnis.

Sport
Für Urlauber und Ölmanager gibt es mehrere, darunter zwei 18-Loch-Golfplätze, Reitställe und Jachtverleiher. Im Unterwasserpark von Buck Island, der nur 3–5 m tief ist, beträgt die Sichtweite mehr als 30 m.

Strände
Die Einheimischen fühlen sich im **Cramer Park** am wohlsten. Auf **Buck Island** kann man nach dem Tauchen prima planschen. Daß **Sandy Point** sich lohnt, sagt schon der Name. Alle Strände sind frei zugänglich.

Unterkunft
In vielen Häusern wohnen Kinder unter 12 Jahren umsonst. 10-15 % Service Charge.

Buccaneer Hotel
P.O. Box 25200
Gallows Bay
Christiansted, St. Croix 00820
✆ 773-2100, Fax 778-8215
Auf einem Terrain von 96 ha mit 3 Stränden, sämtlichen Wassersportmöglichkeiten, 8 Tennisplätzen, 18-Loch-Golfplatz; 150 Zimmer und Restaurants. $$$$$

Christiansted – einer der beiden Hauptorte von St. Croix

Anchor Inn
58 A King St.
Christiansted, St. Croix 00820
✆ 773-4000
Fax 773-4408
Im historischen Viertel am Wasser gebaut; mit 31 Zimmern und Pool. $$$

The Breakfast Club
18 Queen Cross St.
Christiansted, St. Croix 00820
✆ 773-7383
Das beste Frühstück in einem kleinen Haus. $$

Wichtige Telefonnummern

Polizei ✆ 915
Ambulanz ✆ 922
Hospital Notfälle ✆ 778-6311

Old Danish Customs House in Christiansted

ST. KITTS – INSELINFOS

int. Vorwahl: ✆ 001-809

Die Briten nannten sie »Sorgenberg«, für die *Amerindians* war sie »Liamuiga«, fruchtbares Land, das richtige Stichwort für St. Kitts, eine über und über grüne Insel. Die Hauptstadt Basseterre dagegen hat mit ihren kolonialen Veranden, Arkaden und Jalousien einen recht urbanen Touch. Die Insel blüht zu jeder Jahreszeit: Im Winter sind es die Trompetenblumen, den Sommer über die feuerroten Flamboyants, die auch *Poincianas* heißen, nach dem Count de Poinci, Gouverneur auf St. Kitts und leidenschaftlicher Gärtner.

Inseldaten

Geschichte

1493: von Kolumbus gesichtet und St. Christopher genannt. – 1623: Sir Thomas Warner gründete hier die erste britische Kolonie Westindiens. 1625 kommen französische Kolonisten hinzu. – 1626: Am »Bloody Point« metzeln die Siedler die 2 000 Ureinwohner hin. Später legen sie Tabak- und Zuckerrohrplantagen an und kolonisieren die umliegenden Inseln. 1690: Obwohl Engländer und Franzosen die Insel untereinander aufgeteilt haben, kommt es immer wieder zu Auseinandersetzungen; die Engländer lassen von Sklaven die Festung Brimstone Hill bauen. – 1713: Vertrag von Utrecht spricht die Insel den Briten zu, was den Hader nicht beenden kann. – 1727: Basseterre gegründet. – 1782: Franzosen besetzen Brimstone Hill noch vor der Fertigstellung. – 1783: Die Briten erobern die Festung und bekommen sie zurück. – 1843: Erdbeben. – 1867: Ein Brand zerstört Basseterre. – 1983: St. Kitts wird zusammen mit Nevis unabhängig, bleibt im British Commonwealth und tritt der UNO bei.

Insel in Zahlen

Mit 176 km² ist St. Kitts etwa doppelt so groß wie das 3 km südlich gelegene Nevis und hat dreimal so viele Einwohner (32 000). Davon lebt die Hälfte in der **Hauptstadt Basseterre**. Zwei Drittel der Bevölkerung sind Schwarze, ein Drittel Kreolen. – 80 % der Anbaufläche sind Zuckerrohrfelder. Es existiert eine kleine Rum-, Bier- und Baumwollindustrie. Die einzige Wachstumsbranche ist jedoch der Tourismus. Man spricht Englisch. – Strom 110 Volt, Adapter erforderlich.

Landschaft

Der mächtige, den Horizont beherrschende **Mount Liamuiga** (1 156 m) ist die Spitze des vulkanischen Zentralmassivs. In der Kolonialzeit wurden die Hänge oberhalb 300 m aus klimatischen Gründen geschützt. Deshalb sind sie heute von dichtem Regenwald überwuchert. Bei **Old Road Town** führt eine Straße quer hindurch, von der aus man Touren starten kann (verschiedene *tour operator* auf der Insel). Am Fuß des Gebirges fällt saftiggrünes Weide- und Ackerland an langen Hängen zur Ebene ab, auf der sich die Zuckerrohrhalme im Passatwind wiegen, der seinerseits die fruchtbare Vulkanerde über die Insel verteilt. Die namenlose, leicht gewellte Landzunge im Süden ist eine herbe, von Büschen bestandene Steppenlandschaft, die von weißen Sandstränden gesäumt wird. Hier führt der Weg auch am **Great Salt Pond** vorbei, dem größten von sechs Salzseen, noch ein Geheimtip für *birdwatcher*. An der Nordspitze (bei Dieppe Bay Town) liegen Lavabrocken dramatisch am dunklen Strand, die **Black Rocks**. Fast die gesamte Insel ist von Korallenbänken umgeben.

Sehenswürdigkeiten

In **Basseterre** kümmert sich ein rühriges Bürgerkomitee um das Stadtbild, das sich allerdings als wildes Durcheinander aus hübschen und meist gut erhaltenen Bauten im *Georgian Style*, gedankenlos hochgezogenen Betonblöcken und gebrechlichen Holzwänden und Blechdächern darstellt. Der **Independence Square**, so 1790 aufs britische Reißbrett gebracht, ist ein klassi-

Frühstückslaune

sches Beispiel für ein koloniales Stadtzentrum mit Sklavenmarkt aus dem prosperierenden 18. Jh. Damals hieß er Pall Mall Square und hatte schon denselben Springbrunnen in der Mitte. Auch am **Circus**, wo sich Bank, Fort Street und Bay Road treffen und der tatsächlich dem Piccadilly Circus nachempfunden ist (was einem gesagt werden muß), wurde ein Stück London in die Karibik transplantiert.

Romney Manor, ein Herrenhaus an der Westküste, liegt auf einer Anhöhe inmitten eines schönen Gartens. Nicht weit davon bietet die 240 m hoch gelegene Festung **Brimstone Hill** Gelegenheit, beim Anblick von Insel und Meer ganz ins Hier-und-Jetzt zu tauchen. Wer allerdings die weitläufige Zitadelle in Augenschein nehmen will – inklusive Offizierskasino, Krankenstation und Soldatenfriedhof –, kann sich dabei schon zwei Stunden aufhalten (tägl. 9.30–17.30 Uhr).

Reisedaten

Auskunft

St. Kitts & Nevis Tourism Office
10 Kensington Court
London W8 5DL, Großbritannien
✆ (0044-171) 376 08 81, Fax 937 36 11

St. Kitts & Nevis Department of Tourism
P.O. Box 132
Pelican Mall/Bay Rd.
Basseterre, St. Kitts
✆ 465-2620, Fax 465-8794

An- und Abreise
Auf dem Golden Rock Airport im Norden von Basseterre landen auch große Maschinen. Die *departure tax* beträgt 20 EC $. Täglich gibt es mehrmals Fährverbindungen zu Nevis.

Einkaufen
Städtisch gibt sich die Pelican Mall an der Bay Road in Basseterre. Im Romney Manor wird gebatikt.

Essen und Trinken

Ballahoo
Basseterre
✆ 465-4197
In einem viktorianischen Gebäude im Zentrum mit Stadtblick von der großen Veranda; Spezialität: Seefrüchte. $$

Coconut Cafe
Frigate Bay
✆ 465-3020
Strandlokal auch für Snacks auf die Hand. $$

Festivals und Ereignisse
Mai: Regatta St. Kitts–Guadeloupe
Juni: *Caribbean Offshore Race* (Bootsrennen)
Dezember/Anfang Januar: Karneval

Geld
Währungseinheit ist der Eastern Caribbean Dollar (2,7 EC $ = 1 US $).

ST. KITTS – INSELINFOS

int. Vorwahl: ✆ 001-809

Nachtleben

Im Unterhaltungsepizentrum an der Frigate Bay liegen ein Kasino, eine Disco und eine Pianobar nebeneinander.

Presse/Radio/TV

Der »Democrat« kommt wöchentlich. ZIZ heißen die Regierungssender in Funk und Fernsehen. Radio Paradise sagt, wie man ins selbige kommt.

Reisen auf der Insel

Für 30 EC $ erhält man eine örtliche Fahrerlaubnis, falls man die Insel mit einem Miet-

Rowland Plantation Inn

wagen erkunden möchte. Für Mitfahrer gibt es Minibusse und Taxis. Linksverkehr.

Strände
Die meisten sind dunkel. Ausnahme: **Salt Pond**.

Unterkunft

Byrd Rock Beach Hotel
P.O. Box 227
Basseterre
✆ 465-814, Fax 465-1675
Zweistöckige Anlage mit kleinem Strand. $$$

Golden Lemon Inn & Villas
Dieppe Bay
✆ 465-7260, Fax 465-4019
Im äußersten Norden. Persönlich gestaltete Räume in dem ehemaligen Plantagenhaus und den 16 Villen mit eigenen Schwimmbecken. $$$$$

Fairview Inn
Basseterre
✆ 465-2472,
Fax 465-1056
Cottages, um ein Herrenhaus gruppiert. $$$

On The Square
14 Independence Sq.
Basseterre
✆ 465-2485
Stadthotel. $

Wichtige Adressen und Telefonnummern

Deutsches Honorarkonsulat vgl. Nevis-Inselinfos.

Polizei ✆ 911
Notarzt ✆ 465-2412
Hospital ✆ 465-2551
Vorwahl für Deutschland ✆ 9-011-49

Dawn Baai, Sint Maarten ▷

ST.-MARTIN – INSELINFOS int. Vorwahl: ✆ 00590
SINT MAARTEN – INSELINFOS int. Vorwahl: ✆ 00599-5

Daß die geteilte Insel, auf der Holländer und Franzosen grenzenlos leben, ein Gegenbeispiel zu dem Zank sei, den sich europäische Eroberer üblicherweise um jedes noch so kleine Eiland lieferten, wird von der Geschichte leider widerlegt. Aber heute wirken Sint Maarten und St.-Martin durchaus völkerverbindend, nicht nur als Luftkreuz, das holländische, französische und englische Antillen kurzschließt. Das Nebeneinander zweier unterschiedlicher Kulturen auf engstem Raum ist offensichtlich populär, nicht zuletzt wegen der damit verbundenen kulinarischen Vorzüge.

Die mittlerweile zum Großhotel umgebaute, eigentlich eher pittoreske Trauminsel läßt nach touristischen Kriterien alle karibischen Konkurrenten weit hinter sich, droht bei anderthalb Millionen Besuchern pro Jahr aber langsam zum Alptraum zu werden.

Inseldaten

Geschichte

1629: Franzosen und Holländer siedeln sich an. Über den Verbleib der *Amerindians* ist nichts bekannt. – 1633: Spanische Besetzung. – 1648: Nach dem Abzug der Konquistadoren einigen sich die verbliebenen Siedler (Franzosen im Norden, Holländer im Süden) auf eine Teilung der Insel. Über das Wie kursieren verschiedene Legenden, die jeder Kellner gern erzählt. – 1651: Malteserorden übernimmt die Insel. – 1665: Frankreichs Westindische Kompanie übernimmt. Darauf folgen anderthalb Jahrhunderte Besitzerstreit zwischen England, Frankreich und Holland. – 1816: Vertrag schreibt die heutige Teilung fest. – 1850: St.-Martin wird Freihafen. Plantokratie und Zuckerindustrie blühen auf. – 1946: St.-Martin wird Frankreich einverleibt und später (1963) von Guadeloupe aus verwaltet. – 1949: Salzgewinnung in Sint Maarten wird aufgegeben. – 1954: Sint Maarten wird, wie die übrigen niederländischen Antillen, eine autonome Region. – Um 1970: Der Reise-Run setzt ein und macht ein verschlafenes Eiland zur *boomcity*.

Insel in Zahlen

Mit 87 km² (53 km² französisch, 34 km² holländisch) ist sie etwa so klein und übersichtlich wie St. Thomas. Die rund 60 000 Insulaner verteilen sich ungefähr zu jeweils 50 % auf die Süd- und Nordhälfte. Die Hauptorte Marigot und Philipsburg liegen kaum 6 km auseinander. – Die sehr kosmopolitsche Bevölkerung spricht französisch, kreolisch und englisch (weniger im französischen Teil). Auf St.-Martin glauben die meisten dem Papst, auf Sint Maarten Johannes Calvin. – Nachdem der Handel mit Baumwolle, Zucker und Salz Geschichte ist, verdient man sein Geld heute vornehmlich mit Sonnenhungrigen (80 % des Bruttosozialprodukts), wobei das winzige Sint Maarten vorn liegt, beherbergt es doch 60 % aller Urlauber auf den niederländischen Antillen. Das bedeutet eine Touristendichte von 180 pro km² (Dominica 1, St. Lucia 9, Barbados 34). Die riesigen Lebensmittelmengen werden übrigens komplett eingeführt. – Während auf St.-Martin 220 Volt (50 Hz) aus der Steckdose kommen, sind es auf Sint Maarten 110 Volt/60 Hz.

Landschaft

Die Temperaturschwankungen von 24 °C (Januar/Februar) bis 27 °C (August–September) halten sich in engen Grenzen. Da die Insel relativ flach ist (höchste Erhebungen **Sentry Hill** mit 340 m und **Pic du Paradis** mit 424 m), ziehen die Regenwolken schnell vorüber. Trotz ihrer Winzigkeit unterscheiden sich die beiden Inselteile. Im flachen Süden liegen ein Salzsee und die landumschlossene **Simsonbaai-Lagune**, einer der hurrikansi-

ST.-MARTIN – INSELINFOS int. Vorwahl: ✆ 00590
SINT MAARTEN – INSELINFOS int. Vorwahl: ✆ 00599-5

chersten Ankerplätze in der Ostkaribik. **Cupecoy Baai** am Westende der Landesgrenze hat eindrucksvolle Sandsteinklippen, in deren Höhlen sich die *Arawaks* verewigt haben. Der hügelige, ländlichere Norden lädt zu Wanderungen ein.

Sehenswürdigkeiten

In **St.-Martins** Hauptstadt **Marigot** stehen noch viele Häuser aus der Kolonialzeit mit rosaroten oder grünen Fensterläden. An den Boutiquen und Bistros merkt man, daß man sich in einer französischen »Region« befindet, wenn nicht sogar in einem tropischen St. Tropez. Hobbyhistoriker und Panorama-Fans sollten das **Fort Louis** (1776) über der Stadt besuchen – man sieht das benachbarte Anguilla. **Grand Case** ist eine große Sache für Feinschmecker. **Orléans**, die älteste Stadt der Insel, wird auch »Quartier Français« genannt.

Auch **Sint Maarten** hat seine Festungen: **Fort Willem** ist eine Ruine, vom **Fort Amsterdam** (1632) blickt man auf **Philipsburg**, das Scheveningen der Karibik. Das **S'Maarten Museum** (119 Voorstraat, Mo–Fr 10–16, Sa 9–12 Uhr) und das **Rathaus** (zugleich Postamt) gehören zu den wenigen historischen Gebäuden.

ST.-MARTIN – INSELINFOS — int. Vorwahl: ✆ 00590
SINT MAARTEN – INSELINFOS — int. Vorwahl: ✆ 00599-5

Reisedaten

Auskunft

St.-Martin:
Fremdenverkehrsamt von Guadeloupe
Bethmannstr. 58
60311 Frankfurt/Main
✆ (069) 28 33 15, Fax 28 75 44

Office du Tourisme
Port de Marigot
Marigot
97150 St.-Martin
✆ 87 57 21, 87 57 23, Fax 87 56 43

Sint Maarten:
Antillenhuis
Badhuisweg 173-175
2597 JP Den Haag
✆ (0031-70) 351 28 11, Fax 351 27 22

Tourist Bureau
Claude Wathey Sq./Watheyplein
Philipsburg, Sint Maarten
✆ 223 37, Fax 248 84

An- und Abreise
Der zwischen See und Lagune eingeklemmte Juliana Airport auf Sint Maarten, einer der größten Flughäfen der Karibik, bedient beide Inselteile mit Direktflügen aus Europa (z.B. Frankfurt, Paris, Amsterdam) und Nordamerika. Innerkaribische Verbindungen gibt es auch von und nach St.-Martin zum L'Espérace Airport; mehrmals täglich verkehren Flugzeuge nach Guadeloupe und St.-Barthélémy. Die Abschiedsgebühr beträgt 10 US $ für Fernflieger und 5,65 US $ für Inselhüpfer (z.B. tägliche Verbindungen nach Guadeloupe).

Einkaufen
Die Insel wurde zu einer Art Miniatur-Hongkong mit zollfreien Warenbergen, besonders in Philipsburg und Marigot, wo außerdem täglich Markt ist (direkt am Hafen).

Essen und Trinken
So multikulturell wie auf der ganzen Insel geht es auch auf dem Eßtisch zu. Mehr als 200 Restaurants bieten von der kreolischen über italienische und chinesische bis zur indonesischen Küche ein kaum zu übertreffendes Angebot. Weltbekannte Gourmet-Hochburg ist Grand Case an der Nordspitze. Die Klasse hat im übrigen ihren Preis. Auf der holländischen Seite findet man außer guten Restaurants auch jede Menge Imbisse, die meist in den Nebenstraßen liegen.

Anlegestelle Philipsburg

Yvette's Restaurant
Saint-Georges
Orléans, St.-Martin
✆ 87 32 03
Neben vielen anderen Köstlichkeiten gibt es Hummer auf heimische Art. Der Chef Felix kocht selber. $$

La Rhumerie
Colombier, St.-Martin
✆ 87 56 98
Créole à la carte in ländlicher Umgebung. $$$

Le Bec Fin
Front St.
Philipsburg, Sint Maarten
✆ 229 76
Hier saß und aß schon die holländische Königin. $$$

West Indian Tavern
Front St.
Philipsburg, Sint Maarten
✆ 229 65
Inselküche in einem eleganten Stadthaus. $$

Festivals und Ereignisse
St.-Martin:
1. Sonntag im Januar bis Aschermittwoch: Karneval
Mai: Fest der Landesküche
Juni: St.-Martin–St. Kitts Bootsrennen
14. Juli: Nationalfeiertag
21. Juli: Schoelcher-Gedenktag zur Abschaffung der Sklaverei
11. November: Sankt-Martins-Fest
Sint Maarten:
Frühjahr: *Trade Winds Regatta*
Ende Juli: Karneval
11. Novemver: Sankt-Martins-Fest

Geld
St.-Martin: Währungseinheit ist der französische Franc. Fast überall werden Kreditkarten akzeptiert; Geldautomaten, an denen man Bargeld abheben kann, sind weit verbreitet.
Sint Maarten: Hier zahlt man mit Niederländischen Antillen-Gulden oder -Florin (1,8 NAf = 1 US $).

Nachtleben
Auf der holländischen Seite geht es lebhafter zu als auf der französischen. Die Spielkasinos sind schon nachmittags geöffnet. Auf Revues im Las-Vegas-Stil muß man nicht verzichten, und die Discos haben nicht nur Samstagnacht geöffnet.

Presse/Radio/TV
St.-Martin: Die regionale »France-Antilles« erscheint täglich außer Sonntag. Im Radio kann man außer französischen auch inseleigene Programme hören. Die wichtigste Fernsehstation ist Radio France Outremer, die von 14 bis 23 Uhr sendet, außerdem kann man einige französische Programme empfangen.
Sint Maarten: Das Radio Voice of Sint Maarten (1 300 kHz) sendet auch auf englisch, ebenso wie das TV-Programm der Leeward Broadcasting Corportion. Außerdem gibt es gästebedingt viele US-Kabelkanäle.

Reisen auf der Insel
Man kann Autos oder Motorroller mieten. Eine Inselrundfahrt auf der einzigen, etwa 40 km langen Straße dauert keine drei Stunden. Linienbusse, die von sechs Uhr früh bis Mitternacht fahren, sind meist pünktlich.

Sport
Neben zahlreichen Bootsverleihen sind auch alle anderen Wassersportarten gut vertreten. Eines der Zentren ist die Lagune. Den Norden bevorzugen Windsurfer wegen der ständigen Passatwinde. Die Wanderwege sind ausnahmsweise gut ausgeschildert. Tennisplätze haben Hotels wie z.B. das L'Habitation oder das La Belle Créole. Das Mullet Bay Resort verfügt über einen 18-Loch-Golfplatz (nur für Gäste).

Strände
Auf der kleinen Insel gibt es fast 40 gute Badestrände. Im Süden ist die lange weißsandige **Mullet Baai** am beliebtesten, die **Dawn Baai** eignet sich gut für Schnorchler, die **Groot Baai** liegt mit ihrem klaren ruhigen Wasser am bequemsten. Im französischen Teil ist die **Baie Longue** die größte, die **Baie Grand Case** die ruhigste und **Baie Orientale** die unbekleidetste.

Unterkunft
Jedes Fleckchen der Insel ist erschlossen. Preiswerte Übernachtungsmöglichkeiten sind kaum zu finden. Auf den Preis kommen noch 5 % Steuer und 10–15 % Service (manchmal auch noch Energiezuschlag).

Alizea Residence
25, Mont Vernon
97150 St.-Martin
✆ 87 347, Fax 87 70 30
Kleines, luxuriöses Hotel mit 26 Zimmern; Blick auf die Baie Orientale; Tennisplätze und Swimmingpool. $$$$

Hévéa
163 Blvd. de Grand Case

ST.-MARTIN – INSELINFOS int. Vorwahl: © 00590
SINT MAARTEN – INSELINFOS int. Vorwahl: © 00599-5

Shopping in Marigot

97150 Grand Case, St.-Martin
© 87 56 85, Fax 87 83 88
Kolonialhaus mit 8 Zimmern, zum Teil mit Kochecke. Das Restaurant ist bekannt für seine Feinschmeckerküche. $$$

Mullet Baai Resort
Sint Maarten
© 528 01, Fax 542 81
Golf, Kasino, Tennis. $$$$

Pasanggraham Royal Inn
P.O. Box 151
Philipsburg, Sint Maarten
© 235 88, Fax 228 85
In einem historischen Gebäude, dem ehemaligen Regierungssitz, an der Groot Baai. Keine Kreditkarten. $$$–$$$$

Rama Apartments
Point Blanche
Sint Maarten
© 225 82
Mit Kochecke. $$–$$$

Wichtige Telefonnummern

St.-Martin:

Vorwahl für Deutschland © 19-49
Vorwahl für Sint Maarten © 19-599-5
Polizei © 87 50 04
Krankenhaus © 87 50 07

Sint Maarten:

Vorwahl für Deutschland © 06-49
Vorwahl für St.-Martin © 06
Vorwahl für andere Inseln der niederländischen Antillen © 03
Polizei © 222 22 oder 111
Ambulanz © 221 11 oder 130

IV Tropische Zonen: Die Natur der Kleinen Antillen

Wer hätte gedacht, daß die Trauminseln eigentlich ein erdgeschichtliches Trümmerfeld sind? Was heute aus den blauen Fluten herausschaut, ist die Ruine einer Landbrücke, die einmal von Venezuela bis Honduras reichte. Sie verfiel, als sich vor etwa einer Million Jahren Mittelamerika erhob und später infolge der Eiszeiten der Meeresspiegel um über 30 Meter stieg. Übriggebliebenen sind verschiedene Inseltypen, nämlich der innere Antillenbogen, der aus vulkanischen Inseln besteht (z.B. Montserrat und St. Lucia), und der äußere aus flachen Kalkplatten (z.B. Antigua und Marie-Galante). Guadeloupe liegt genau auf der Scheidelinie und hat deshalb beides zu bieten: das zerklüftete Basse-Terre auf der einen und das tellerflache Grande-Terre auf der anderen Seite. Sonderfälle sind die Virgin Islands, die geologisch zu Puerto Rico gehören, und Trinidad, das ein Stück Südamerikas ist, von dem es übrigens in etwa so lange getrennt ist wie England von Europa.

Was sollte auf den wirklich Kleinen Antillen anderes herrschen als ein maritimes Klima? Die Sonne brennt, das Meer verdampft. Passatwinde blasen beständig von Nordost. Die feuchte Luft steigt an den Osthängen auf, kühlt ab und kondensiert. Es kommt zu heftigen Schauern, während es auf der windgeschützten Seite viel trockener und wärmer ist. Auf den flacheren Inseln, die den Wind gar nicht aufhalten, regnet es noch seltener. Zwar spricht man von Regen- und Trockenzeit (November bis April), aber eigentlich herrscht auf den Klei-

nen Antillen ein eher unstetes Kleinklima, das Millionen karibischer Wetterfrösche verzweifeln läßt, doch weit interessanter ist als ein ewig lachender Himmel. Die Lichtdramen des karibischen Horizonts, über den sich oft leuchtende Regenbögen spannen, bieten ein einmalig intensives Farbenspiel, an dem sich schon Legionen von Amateurmalern vergeblich versucht haben.

Das Zusammenspiel von Meer und Wind verhindert aber auch allzu extreme Schwankungen. Selten steigt das Thermometer über 30 Grad, und weil es auch nur ausnahmsweise unter 20 Grad sinkt, kann man warme Kleidung getrost zu Hause lassen. Vorsichtig sollte man beim Sonnenbaden sein, denn trotz der angenehmen Wärme sticht die Sonne steil und unbarmherzig vom Himmel.

Bruchstück der Erdgeschichte: Marina Cay

Ihrer Verläßlichkeit in puncto Temperatur verdankt die Karibik eine der imposantesten Naturschönheiten: die Korallen. Die größten Baumeister des Tierreichs, die ganze Inselgruppen geschaffen haben, können nur im gleichmäßig warmen Wasser überleben. Es gibt keinen Lebensraum des Meeres, in dem sich so viele Arten wohl fühlen wie im tropischen **Korallenriff**. Wie man bei diesem spannenden Unterwasserschauspiel Zuschauer werden kann, wird in einem gesonderten Tauchkapitel beschrieben.

Ein ähnlich komplexes Kunstwerk der Natur ist der tropische **Regenwald**, von dem schon Alexander von Humboldt wußte, daß darin »Wald auf Wald« wächst. Obwohl der immergrüne »Dschungel« nur sieben Prozent der Erdoberfläche bedeckt, leben dort 75 Prozent aller Tiere. Bei dem Gedanken an die über 60 000 höheren Pflanzenarten, die allein im karibischen Busch wuchern, kann jeder Hobbygärtner nur grün vor Neid werden. Besonders auf den bergigen Vulkaninseln wuchern Farne, Büsche, Bäume und Blumen noch auf weiten Flächen, die teilweise zu Naturparks erklärt wurden, wie auf St. John (8. Route), Montserrat (2. Route) und Guadeloupe (3., 4. und 5. Route).

Eine angenehme Begleiterscheinung des immer tropffrischen Waldes sind Gebirgsbäche und Wasserfälle, die teilweise von imposanter Höhe herunterstürzen und zu den wenigen Orten der Karibik gehören, die ohne Klimaanlage Kühlung versprechen. Auch außerhalb des Urwalddickichts wird man interessante Bäume sehen, denn die zählen in der Karibik, wie schon Kolumbus aufgefallen ist, zu den schönsten der Welt.

Das größte **Säugetier** der Kleinen Antillen ist der Wasserbüffel. Eher zum Inselmaßstab passen dagegen der ebenfalls aus Indien importierte Mungo, das urtümliche Opossum und das kaninchengroße Aguti, ein hyperaktiver Nager, dessen Fleisch sich größter

Karibischer Piepmatz im Parc Floral auf Guadeloupe

Fregattvögel in der Codrington Lagoon auf Barbuda

Beliebtheit erfreut. Zwar gibt es auch Exoten wie das Gürteltier und den Ameisenbären, aber die wirklich sensationelle Inselfauna lebt in der Luft. Aberhunderte Vogelarten – von korkenkleinen Kolibris über nimmersatte Pelikane und farbenprächtige Tukane bis zu den schwarzen Fregattvögeln mit mächtigen zwei Metern Flügelspannweite – machen die Inseln zu einem Muß für Ornithologen und Amateurspäher.

Die Fremdenverkehrsbüros oder die Forstverwaltungen vermitteln kompetente Begleiter, die die Besucher in die Flora und Fauna der Inseln einführen. Alleingänge sind selbst für Fortgeschrittene nicht zu empfehlen. Manchem Fußmüden genügt vielleicht auch die eingezäunte Natur im Zoo oder botanischen Garten. Inzwischen gibt es einige Projekte, die bedrohte Tierarten durch Nachzucht retten wollen (u.a. Kakadus im niedersächsischen Walsrode). In Dominica sollen Unterrichtsprogramme der Ausrottung der *Sisserous*, wie die Papageien dort heißen, entgegenzuwirken.

In der Karibik liegen die grellsten Kontraste eng beieinander: zugige Savannen neben stickigem Regenwald, strohtrockene Dornwälder neben verschlickten Mangrovengebieten, die man ins Meer hinauswachsen sieht. In deren Brackwasser finden Austern, Krabben, Schlangen und reichlich gefedertes Personal ihre Nischen. Selten geworden ist das zu den Seekühen zählende, bis zu zehn Zentner schwere Manati. Zu viele Sümpfe, die (ähnlich wie die Riffe) unter anderem wichtige Pufferzonen für die Meer und Wind schutzlos ausgesetzten Inseln darstellen, sind bislang für Hotelprojekte trockengelegt worden.

Ein besonderes Abenteuer sind die karibischen Vulkangebirge mit zu skurrilen Formen erstarrtem Lavagestein, dampfenden Schwefelquellen oder schlafenden Ungeheuern, deren Speihneigung von Wissenschaftlern streng beobachtet wird. Kaum weniger zackig als die Felsschlote sind die Klippen, die – meist auf der rauhen Atlantikseite – den anrollenden Wellen Paroli bieten und aus denen das wuchtige Wasser häufig spektakuläre Naturmonumente herausgewaschen hat.

Häufiger als von der Kliffkante wird man das Meer aus der Bodenperspektive, vom Handtuch am Strand aus, betrachten. Wenn Sie so in die Sonne blinzeln, während über Ihnen die Palmwedel träge in der sanften Brise schwingen, können Sie ja mal raten, ob es sich dabei um die gemeine Kokospalme, die schlanke Kohlpalme, die kerzengerade Königspalme oder den fächerförmigen Baum der Reisenden handelt. Ein selten gewordener Strandbesucher ist trotz strengen Artenschutzes die Lederschildkröte, ein urzeitlicher, bis zu 600 Kilogramm schwerer Koloß, der im Sand seine Eier ablegt und brutal abgeschlachtet wird, weil er Gourmets als Delikatesse gilt.

Obwohl die populären Mythen vom zarten Passatwind und einem angeblich lustigen Leben im Calypso-Rhythmus ständig wiederholt werden, trifft eigentlich das Gegenteil zu. Die Karibik zeigt sich oft hart und grausam, und die Kleinen Antillen im großen Ozean sind geradezu ein Exempel für die Ohnmacht des Menschen gegenüber den Naturgewalten. Durchschnittlich acht Wirbelstürme fegen Jahr für Jahr über das Archipel. Hinzu kommen Vulkanausbrüche und Erdbeben, die wiederum hohe Flutwellen auslösen können. Was bleibt, ist Strandgut.

Im »Einsammeln zerbrochener Stücke besteht die Sorge und der Schmerz der Antillen«, sagte Derek Walcott in seiner Nobelpreis-Rede. »Der entblößte Mensch ist auf jene elementare Kraft zurückgeworfen, die sich selbst erstaunt, den Geist. Das ist die Grundlage der Seinserfahrungen auf den Antillen.« ■

Gemeine Palmen

V *Cuisine Créole:* Rezepte für den multikulturellen Kochtopf

von Mandy Howard

Wer die karibische Küche kennenlernen will, sollte auf die Märkte gehen, die es auf jeder Insel gibt. Dort bekommt man die beste Einführung in die tropische Vorratskammer. Hausfrauen und Schaulustige schlendern von Stand zu Stand, die Marktfrauen sitzen wie Sphinxe da, tauschen ein paar Neuigkeiten mit der Nachbarin aus, und an anderen Ecken werden lautstark Wortgefechte ausgetragen. Auf den Tischen sind die exotischen Früchte zu Gebirgen gestapelt, und Gemüsesorten, die man zu Hause noch nie gesehen hat, liegen auf Strohmatten ausgebreitet – grasgrüne Apfelsinen, kürbisgroße Christophenes und Brotfrüchte mit genoppter Schale, daneben Papayas, Guaven und stachelige Guanabanas. In aufgereihten Säcken leuchten Gewürze im Spektrum von Rot über Orange bis Gelb. In vorderster Reihe liegen immer die Sattmacher der Einheimischen, die süßen Kartoffeln, Yam-Wurzeln, Dasheens und Cassavas. Wer hier nur Augen- und Nasenzeuge bleibt, ohne zuzugreifen, verpaßt eine einmalige kulinarische Chance.

Das besondere an der karibischen Küche ist ihre Geschichte. Hier kreuzen sich die Kochkünste der Welt: afrikanische Yams mit indianischen Cassavas, Colombo aus Indien mit Paella

Offene Gewürze

◁ *Auf dem Markt in Pointe-à-Pitre*

Karibischer Imbiß

vom Mittelmeer. Das beste Beispiel eines solchen schmackhaften, multikulturellen Rezepts ist Trinidads *Callaloo*, eine Suppe, zu der alle Erdteile etwas beigetragen haben und die sich genauso kosmopolitisch zeigt wie die Menschen, die hier leben.

Die Kochkunst liegt in der Kombination von Techniken und Zutaten. Es reicht eben nicht, kräftig zu würzen, man muß auch wissen wann. Außerdem werden die Gerichte noch auf spezielle karibische Art garniert. Natürlich findet sich auch die üppige Inselwelt auf dem Teller wieder wie Meeresfrüchte, Froschschenkel und tropische Früchte, die kombiniert und in spezieller Weise gewürzt werden. Am karibischen Gewürzbrett, auf dem Basilikum, Thymian, Majoran, Knoblauch, Lorbeer, Safran und Muskat stehen, hat sich natürlich auch die hiesige Küche längst bedient.

Nirgends wirkt sich der insulare Effekt so positiv aus wie beim Essen, denn jede Insel hat ihre besonderen Nationalgerichte, die aber auch bei den Nachbarn als Spezialitäten auf den Tisch kommen. So sind bestimmte Gerichte wie *Roti* (ursprünglich Paratha-Brot) aus Trinidad oder das äußerst nahrhafte *Pepperpot* aus Guyana zwar überall zu haben, aber sie schmecken auch überall anders. Von *Roti* beispielsweise haben die französischen Antillen ihre eigene Version, die *Colombo* heißt und mit Reis serviert wird. Nur *Mountain Chicken*, Montserrats und Dominicas Froschschenkel-Delikatesse, gibt es, biologisch bedingt, noch nicht bei den Nachbarn.

Das kulinarische Niveau der französischen Inseln ist sprichwörtlich und hat sich selbst im Mutterland herumgesprochen. So steht Guadeloupe mit seinen ungezählten Lokalen als einzige externe Region im »Sentiers gourmands«, dem Schlemmerverzeichnis der Provinzen. Hier geht die karibische Volksküche eine kreative Liaison mit der traditionellen französischen Küche ein und heraus kommt *Cuisine Créole*, ein Stichwort für jeden Gourmet. Beispiele für kreolische Leckerbissen sind Tintenfisch-Salat mit Ananas, *Crabes Farcis* (gefüllte Krabben), Schweinefilet mit Passionsfrucht-Essig und Zuckerrohr oder – um nur eins der zahlreichen Fischgerichte zu nennen – *Filet de Vivanneau* mit Carambole-Soße.

Fast jedes Restaurant auf Guadeloupe bietet eine gute Auswahl an Fischgerichten und Meeresfrüchten wie Krabben, Krebsen und Langusten. Die Fische mit dunklem Fleisch wie Thunfisch oder Meeräsche sind ebenso beliebt wie die mit hellem wie Hai oder Fliegender Fisch. *Lambis* (engl. *Conch*), schmackhafte Meeresschnecken, zubereitet mit Zitronen, mit Curry oder sogar eingelegt, stehen fast überall auf der Karte. Eine interessante Zwitterstellung nimmt St. Lucia ein, eine der wenigen englischsprachigen Inseln, auf der kreolische Küche gekocht wird.

Tropisches Obst spielt beim Hauptgang eine Rolle, eignet sich aber natürlich auch als Dessert, manchmal als Sorbet (z.B. Kokossorbet), Fruchteis, Torte oder in flüssiger Form als Fruchtgetränk aus Carambola, Papaya oder Stachelannone. Nicht zu vergessen die Rum-Cocktails, die oft mit Fruchtsäften gemixt werden, wie der beliebteste Drink der Kleinen Antillen, der *Punch Planteur* (engl. *Planter's Punch*).

Obwohl die karibische Küche so viel zu bieten hat, gibt es auf vielen Inseln nur wenige kreolische Restaurants. Das liegt zum einen am niedrigen Lebensstandard, der nur wenigen Mittelständlern hin und wieder einen Restaurantbesuch erlaubt (die Urlauber bleiben lieber im Hotel), und zum anderen am Ruf der *Cuisine Créole*, das Arme-Leute-Essen zu sein. So brauchte der Leiter des Asa Wright Centre auf Trinidad Jahre an Überzeugungsarbeit, bis sein Koch einsah, daß seine Gäste durchaus auch heimische Gerichte mögen. Einen unseligen Einfluß auf die Geschmacksnerven haben sicher auch die amerikanisch gestylten Burger-Ketten und die Pizza-Schnellrestaurants, die es praktisch auf jeder Insel gibt.

Wer sich die richtige *Cuisine Créole* nicht entgehen lassen will, muß aus dem Touristenghetto ausbrechen und einmal in einem kleinen Lokal an der Ecke essen, wo vielleicht der Insel-DJ aus dem Radio plärrt, der Tankwart von nebenan mit dem Fischer an der Theke steht, Kellner und Koch identisch sind, und die scharfen Gerüche, die aus der Küche ziehen, einem schon vorher das Wasser im Mund zusammenlaufen lassen. ■

Testesserin

VI Karibik von unten – Tips für Taucher

von Martha Watkins Gilkes

Alle Inseln der Kleinen Antillen sind Tauchparadiese mit der Idealkombination von klarem tropischen Wasser und farbenfrohen Korallenriffen, auf denen es vor mariner Lebendigkeit nur so wimmelt. Viele dieser phantastischen Unterwasserwelten sind noch unentdeckt.

Die Bedingungen für den Tauchsport sind auf den einzelnen Inseln der Kleinen Antillen sehr unterschiedlich: Die US Virgin Islands, die British Virgin Islands, die französischen und niederländischen Antillen und St. Vincent gehören zu den hochentwickelten Tauchinseln. Auf den US Virgins gibt es über zwei Dutzend Tauchbasen, die britischen Virgins, St. Vincent und die Grenadinen, Antigua, St. Lucia, Tobago und Dominica haben eine Auswahl von vier bis sechs Basen, während es auf Grenada und St. Kitts nur ein paar Tauch-Shops gibt. Auf Nevis hat sich ein einsamer Anbieter etabliert, und Montserrat ist noch gänzlich unterversorgt. Im Folgenden werden einige Inseln empfohlen, die die Autorin bei zahlreichen Unterwasserausflügen kennengelernt hat.

Die **US Virgin Islands** gehören allgemein zu den Inseln mit dem am höchsten entwickelten touristischen Angebot, das auch hinsichtlich des Tauchens kaum mit den anderen Nachbarn zu vergleichen ist. Obwohl das Mini-Archipel aus über 50 Inselchen besteht, lebt die Bevölkerung allein auf St. Thomas, St. Croix und St. John, wo über 20 Tauchbasen Anfängern und Fortgeschrittenen ihre Dienste anbieten.

Ein ungeschriebenes Gesetz besagt, daß das erste Boot, das an einer Stelle festmacht, dort auch das einzige bleibt, die folgenden also weiterziehen, wenn die Stelle schon besetzt ist. Das schont die Unterwasserwelt, besonders an den beliebten Plätzen. Weil die Inseln Teil der USA sind, gelten auch deren Sicherheitsvorschriften, und die Tauchboote werden von der Küstenwache kontrolliert. Das hat unter anderem ein hohes Niveau der medizinischen Versorgung zur Folge, so steht z.B. sogar auf dem kleinen St. John eine Unterdruckkammer zur Verfügung. Obwohl das Wetter meist die Erwartungen erfüllt, kann eine tiefe Nordströmung während der Wintermonate das Tauchen manchmal unmöglich machen. Aber in einem solchen Fall bieten sich ungezählte Ausweichmöglichkeiten an.

St. Thomas verfügt über mehrere populäre Wracks wie die »Cartanser Senior«, ein Frachtschiff, das 1979 unterging und für Anfänger bestens geeignet ist. Sie liegt am Ostende von Buck Island kaum zehn Meter unter der Wasseroberfläche und hat vier feste Anlegestellen. Die »General Rogers«, ein 40 Meter langes Boot der Küstenwacht, sank 1972 am Pillsbury Sound und liegt 20 Meter, das »Grain Wreck«, 1992 von der US Navy versenkt, dagegen 40 Meter tief.

Auch **St. Croix** hat Wracks vorzuweisen. In Butlers Bay an der Westküste sind es allein drei, die speziell für die Taucher versenkt wurden: die 25 Meter lange »Northwind« in 20 und die 45 Meter lange »Suffolk Maid« in fast 30 Meter Tiefe. Die »Northwind« wurde berühmt, weil dort Aufnahmen für einen Film über den Schatzjäger Mel Fisher gemacht wurden. Die »Suffolk Maid« fand ihr Schicksal auf dem Meeresgrund nach einem Hurrikan im Jahre 1884. Das Frachtschiff »Rosaomaira«, mit 60 Metern Länge das größte der drei, ist nur für erfahrene Taucher erreichbar, weil es in 40 Meter Tiefe liegt.

Entdeckungsreise unter Wasser ▷

Aufgetaucht

Die Frederiksted Pier ist ein 150 Meter langer, kommerzieller Steg, von dem aus man am Tag, aber auch bei Nacht abtauchen kann. Das sollte man keinesfalls verpassen. Da das Wasser nur 10 Meter tief ist, bereitet es Anfängern höchstens Schwierigkeiten, von der Pier zu springen oder eine Leiter hinunterzuklettern. Unten begegnet man zahlreichen bunten Seepferdchen, die hier zu Hause sind. **St. John** hat, obwohl die kleinste der US-Jungfrauen, dennoch viel zu bieten, vor allem, weil zwei Drittel der Fläche zum Nationalpark erklärt wurden. Einige der beliebtesten Tauchplätze werden auch von St. Thomas aus genutzt wie Grassco Junction, Tunnells, The Leaf, Carval Rock und Congo Cay. Grassco Junction am Südwestende von Grassy Cay ist eher etwas für erfahrene Taucher, weil es etwa 25 Meter hinuntergeht.

Die **British Virgin Islands** bieten mit einer Palette von rund 50 Koralleninseln eine aufregende Vielfalt. Als eine der besten Stellen gilt das Wrack der »H.M.S. Rhone«, wo der Hollywood-Film »The Deep« (dt. »Tiefe«) gedreht wurde. **Dominica**, »The Nature Island«, ist eine bergige, über und über grüne Insel mit wilder Landschaft und unberührten Unterwasser-Terrains. Dort besteht durchaus die Chance, die seltene, sehr gefährdete Schwarze Koralle zu Gesicht zu bekommen, die an manchen tiefen Merresschluchten noch vorkommt und auf keiner anderen Insel sonst!

Anguilla, eine der wenigen unzerstörten Karibikinseln, ist ein Paradies für Taucher. Noch trifft man nur wenige, und zwar meist im einzigen Dive-Shop der Insel. Der Entwicklungstand des Tauchsports liegt unter dem mancher anderen Insel, wo es Boote gibt, von denen an 364 Tagen im Jahr Dutzende von Tiefenhungrigen nebeneinander ins Wasser hüpfen. Dafür erwartet Sie hier das aufregende Erlebnis, an Meeresstellen zu tauchen, die bislang kaum jemand gesehen hat. Anguilla ist eine lange, flache Koralleninsel mit etwa 30 großartigen, einsamen Stränden und rundum guten Tauchgelegenheiten. Darüber hinaus wurden im Auftrag Inselregierung im Sommer 1990 durch eine amerikanische Bergungsgesellschaft vier Schiffe versenkt, so daß jetzt insgesamt sechs Wracks auf dem Meeresgrund liegen.

Der Frachter »M.S. Sarah«, mit 70 Metern das größte der versunkenen Schiffe, liegt völlig intakt in etwa 25, die 40 Meter lange, 1955 in Holland gebaute »M.V. Commerce« in 20 Meter Tiefe am Flat Cap Point. Die »M.V. Ida Maria« aus dem Ersten Weltkrieg (30 Meter lang) wurde 1985 versenkt, liegt aufrecht und recht gut erhalten 20 Meter unter der Oberfläche. Die Wracks ziehen nicht nur das Interesse der Menschen an, sondern sind auch ein beliebter Aufenthaltsort für Meerestiere wie Schildkröten, Stachelrochen und Engelhaie. In der Umgebung von Anguilla wie bei Sandy Island, Sandy Deep, Paintcan Reef und Prickley Pear werden oft Sandhaie mit den typischen zwei Rückenflossen gesichtet, die sich auf dem flachen Grund ausruhen.

Antigua, berühmt für seine Badestrände, hat auch konkurrenzfähige Tauchgründe. Zu den besseren zählt das fast vier Kilometer lange Cades Reef an der Ostküste, das teilweise als Unterwasserpark unter Schutz steht. Wirklich empfehlenswert ist ein Tauchausflug nach Ariadne Shoal, elf Seemeilen von Antigua entfernt. Obwohl die Bootsfahrt dorthin fast eine Stunde dauert, lohnt sich der Aufwand.

St. Kitts und **Nevis**, die britischen Leeward Islands, sind noch Geheimtips. Es gibt nur zwei Basen, und die Taucher kann man an einer Hand abzählen, obwohl St. Kitts fast vollständig von Korallenriffs umgeben ist.

Auf den Kleinen Antillen gibt es außer auf den US und British Virgin Islands keine gesetzlichen Tauchregelungen, was nicht heißt, daß Basen auf anderen Inseln nicht auch sehr auf Sicherheit achten. Alle Bestrebungen, wie die der Eastern Safe Diving Association auf Barbados, die Bedingungen zu verbessern, sind zu begrüßen. ■

Wofür man schwärmt

Tauchbasen

Anguilla:

Tamariain Watersports
Ian Grummitte
P.O. Box 247
The Valley
✆ (809) 497-2020
Fax 497-5125

Antigua:

Dive Antigua
John Burke
P.O. Box 245
St. John's
✆ (809) 462-3482
Fax 462-7787

Aquanaut Divers
Burt Kitchner
P.O. Box 63
St. John's

Dive Runaway
Steve Belizair
P.O. Box 1603
St. John's
✆ (809) 462-2626
Fax 462-3484

British Virgin Islands:

Basking in the Sun
Alen Baskin, Eva Copeland
P.O. Box 108
Road Town, Tortola
✆ (809) 494-2858
Fax 494-4304

Underwater Safaris
Bob & Gail Strafford
P.O. Box 139
Road Town, Tortola
✆ (809) 494-3235

Dive BVI Ltd.
Joe Giacinto, Barbara McDonnell
P.O. Box 1040
Virgin Gorda
✆ (809) 495-5513
Fax 495-5347

Dominica:

Dive Dominica
Dereck Perryman
Castle Comfort Lodge
P.O. Box 63
Roseau
✆ (809) 448-2188
Fax 448-6088

East Carib Dive Ltd.
Gunther Glatz
P.O. Box 483
Roseau
✆ (809) 449-6575
Fax 449-6603

Dominica Dive Resorts
Fitroy Amour
P.O. Box 34
Roseau
✆ (809) 448-2638
Fax 448-5680

Guadeloupe:

Centre International De Plongee
Plage de Malendure
Pigeon
97125 Bouillante
✆ (590) 98 81 72
Fax 98 74 33

Tropical Sub
Fort Royal Hotel, Pointe du Petit Bas Vent
97126 Deshaies
✆ (590) 28 52 67, Fax 28 53 48

Nevis:

Scuba Safaris
Ellis Chaderton
Oualie Beach
✆ (809) 469-9518, Fax 469-9619

St. Kitts:

Kenneth's Dive Center
Kenneth Samuel
P.O. Box 826, Bay Road
Basseterre
✆ (809) 465-2670
Fax 465-6472

US Virgin Islands:

Mile Mark Watersports
Mark Sperber
59 King's Wharf
Christiansted
St. Croix 00820
✆ (809) 773-2628
Fax 7743-9411

Cruz Bay Watersports
Patty & Marcus Johnston
P.O. Box 252
St. John 00830
✆ (809) 776-6234
Fax 776-8303

Chris Sawyer Dive
6300 Estate Frendenhoj, Suite 29
St. Thomas 00802
✆ (809) 775-7320
Fax 775-6072

Dive In
Micke Lawler
Sapphire Beach Resort and Marina
P.O. Box 8088
St. Thomas 00802
✆ (809) 775-6100, Fax 775-4202

Tiefe Begegnung

Karneval in der Karibik ...

... musikalisches und farbenfrohes Straßentheater

VII SERVICETEIL

REISEPLANUNG

REISEDATEN

SPRACHHILFEN

An- und Abreise

Man erreicht die Karibik im Direktflug in etwa 8 Stunden. Von Europa aus sind Antigua, Barbados, St. Lucia und Trinidad die wichtigsten Zielflughäfen. Um innerkaribische Anschlußflüge zu buchen, braucht man Rückflugticket und Reisepaß. In den meisten Inselstaaten muß man *immigration forms* (Einreiseformulare) ausfüllen.

Nonstop fliegen unter anderem Air France, British Airways, die karibische BWIA (sprich: *Biwi*), KLM, Condor und United Airlines. Sondertarife, z.B. »Super Vacances« der Air France, können erheblich billiger sein. **Gabelflüge** sind möglich, d.h. man kann von einem anderen als dem Ankunftsflughafen wieder heimfliegen, z.B. mit BWIA Frankfurt–Tobago hin, St. Lucia–Frankfurt zurück.

Am kontoschonendsten sind Pauschalangebote, bei denen die Unterkunft gleich mitgebucht wird. Dabei kann man sich das Domizil allerdings nicht aussuchen und ist an eine Insel gebunden.

Der **Airpass** ist eine relativ preiswerte Möglichkeit, verschiedene Inseln kennenzulernen. LIAT – Insider buchstabieren »*leave island any time*«, d.h. die Abflugszeit steht in den Sternen – ist dafür der Monopolist auf den Kleinen Antillen. Der alternative BWIA-Airpass ist auf wenige Inseln beschränkt.

Beim Insel-Hüpfen darf man auf jeder Insel nur einmal bleiben (Zwischenlandungen erlaubt), kann also nicht zwischen zwei Inseln hin und her fliegen. Der Standard-Airpass *Explorer* kostet 199 US $; man kann damit innerhalb von 21 Tagen 3 zusätzliche Inseln anfliegen. Mit dem *Super Explorer* für 367 US $ hat man die Auswahl zwischen 27 Inseln (30 Tage gültig).

Von Europa aus gibt es die Möglichkeit, den Airpass zu buchen: 3 bis 6 Ziele – jeweils für 60 bzw. 70 US $ in der Saison und an Wochenenden – innerhalb von 3 Wochen. Rechtzeitig übers Reisebüro buchen, weil immer irgendwo Karneval ist.

Tips für das *island-hopping*: Packen Sie sparsam (maximal 20 Kilo). Es gibt keine *boarding card*, d.h. wer zuerst kommt, sitzt zuerst. Doppelbuchungen, Verspätungen und Kursänderungen sind kein Grund, sich zu ärgern. Freuen Sie sich, daß LIAT eine der sichersten Fluglinien ist.

Ärztliche Vorsorge

Die Karibik ist nicht gefährlicher als Schottland oder Korsika. Trotzdem sollte man Vorsicht walten lassen. Es ist sinnvoll, eine Reisekrankenversicherung abzuschließen (günstige Tarife z.B. bei der DKV). Europäer sind nicht tropentauglich. Die körperliche Anpassung an die hohen Temperaturen dauert ein paar Tage. Trinken Sie viel Mineralwasser.

Gegen Sonnenbrand (gefährlich ist nicht die Temperatur, sondern der steile Einstrahlungswinkel!) helfen Creme, Sonnenbrille, Hut und Schatten. Da Klimaanlagen Symbole für Lebensstandard sind, ist es in Läden und Lokalen häufig kühlschrankkalt. Eine leichte Jacke bannt die Schnupfengefahr. Kohletabletten nicht vergessen! Sensible Mägen reagieren abrupt auf die fremdartige Kost.

Besondere Impfungen sind in der Regel nicht nötig. Es ist aber bestimmt kein Fehler, sich vorbeugend gegen Tetanus, Gelbsucht, Typhus und Kinderlähmung spritzen zu lassen. Auf den meisten Inseln ist das Wasser trinkbar. Ungeschältes Obst, Eiscreme und Eiswürfel (die sonst sogar ins Bier plumpsen) sollte man meiden. Die Armenkrankheit Tuberkulose ist wieder im Vormarsch (Fälle u.a. auf den British Virgin Islands, Grenada und Guadeloupe). Den Alptraum AIDS (franz. *SIDA*) gibt es natürlich auf den Trauminseln auch.

Nehmen Sie die Warnungen vor Sandflöhen ernst (engl. *mampee*, franz. *chique*). Die bissigen Winzlinge können Ihnen ansonsten einige Ihrer raren Urlaubstage vergällen.

Pflanzen am Strand und im Wald sollten möglichst nicht berührt oder gar gegessen werden, denn sie könnten giftig sein. Vorsicht im Meer: Riffe haben scharfe Kanten. Auf einigen Inseln gibt es gefährliche Schlangen, die aber meist selber das Weite suchen. Im Wald empfiehlt es sich, feste Schuhe und lange Hosen zu tragen.

Auskünfte zu Hause

Da die Inseln in scharfer touristischer Konkurrenz stehen (selbst die französischen und die englischen Antillen untereinander), gibt es keine zentrale Anlaufstelle. Jede Insel hat ihr eigenes

Fremdenverkehrsbüro. Die Adressen sind jeweils unter den Inselinfos angegeben.

Bücher zum Einlesen

Das Angebot an Karibik-Büchern ist reich und unübersichtlich. Reiseführer beschränken sich in der Regel auf die platte Urlaubsperspektive, d.h. es werden Sehenswürdigkeiten abgehakt. Kommen die Insulaner überhaupt vor, treten sie als exotische Statisten auf. Ein besonders unangenehmes Beispiel ist das »Reisehandbuch Karibik« von Thomas Jeier und Thomas Veszelits. Darin verbergen die Autoren ihre Herrenmenschenmentalität nur schlecht hinter flotter Schreibe. Ein positives Pendant ist dagegen das Heft »Karibik verstehen«, in dem die Inselwirklichkeit anhand einzelner Menschen vorgestellt wird (zu beziehen über den Studienkreis für Tourismus in 82319 Starnberg, Dampfschiffstr. 2).

In Büchern, die die gesamte Karibik abhandeln, kommen die Kleinen Antillen meist zu kurz. Ausnahme: das »Caribbean Islands Handbook«, eine 800 Seiten starke Faktensammlung. Eine knappe, aber präzise Einführung in den Kulturkreis gibt Frauke Gewecke in »Die Karibik – Zur Geschichte, Politik und Kultur einer Region«. Außerdem empfehlenswert: das reich bebilderte Jugendbuch »Der Sklavenhandel« von Jean Meyer.

Geld/Devisen

Der US-Dollar ist die wahre karibische Währung. Sonstige Zahlungsmittel sind der *Barbados-Dollar* (2 BDS $ = 1 US $), der *Eastern Caribbean Dollar* (2,7 EC $ = 1 US $), der auf Anguilla, Antigua, Dominica, Grenada, Montserrat, St. Kitts, Nevis, St. Lucia, St. Vincent und den Grenadinen gilt, sowie der *Trinidad & Tobago Dollar* (6 TT $ = 1 US $). Auf den niederländischen Inseln wird mit Gulden *(Netherlands Antilles Guilder)* (1,8 NAf = 1 US $), auf den französischen mit *Franc* bezahlt.

Reiseschecks in US $ sind empfehlenswert. Euroschecks werden nur auf den französischen und niederländischen Antillen akzeptiert. Kreditkarten sind außer in den Duty-free-Läden wenig verbreitet. Bewahren Sie die Tauschquittung der Bank für einen eventuellen Rücktausch des restlichen Geldes auf.

Karten

Ein schwieriges Kapitel: Da im deutschen Buchhandel von den meisten Inseln kaum brauchbare Karten erhältlich sind, müssen sie vor Ort besorgt werden: in Trinidad und auf den Virgin Islands beim Tourist Office, auf Antigua im Buchladen, auf Montserrat beim Lands & Surveys Department (Plymouth, Parliament St.), auf Guadeloupe am Flughafenkiosk und auf St. Lucia beim Survey and Mapping Department (Government Offices, John Compton Hwy., Castries).

Kleidung

Meist genügt ein leichtes Hemd, das aus natürlichen Fasern sein sollte, weil man es schneller durchschwitzt, als man denkt. Kalt wird es nur in Lokalen mit Klimaanlage und beim Bergsteigen. Während auf den französischen Inseln Männer durchweg kurze Hosen tragen, gilt das im Ex-Commonwealth als touristische Entgleisung. Die Insulaner bevorzugen legere Kleidung, aber achten sehr auf Stil und Geschmack. Nacktheit wird als moralischer Affront betrachtet und ist nur an FKK-Stränden erlaubt (z.B. auf Guadeloupe).

Reisezeit

Saison hat in der Karibik viele Bedeutungen: Gewöhnlich wird damit die Zeit von Mitte Dezember bis Mitte April gemeint, wenn es hüben kalt ist und drüben Niederschläge und Temperaturen etwas niedriger, die Preise dafür um etliches höher sind. Auf den US-amerikanischen, den niederländischen und den französischen Inseln gibt es zusätzlich eine Sommer-*Saison* (Schulferien). Inseln mit Karnevals-*Saison* sind während der tollen Tage lange im voraus ausgebucht, z.B. Trinidad um den Rosenmontag herum und Antigua Ende Juli. Am ruhigsten (und preiswertesten) ist es also zwischen April und Juni sowie von September bis November. Auch während der Hurrikan-*Saison* (August bis November) kann man getrost reisen.

Reiseplanung

Unterkunft

Das Zimmerangebot auf den Ferieninseln ist naturgemäß vielfältig, die Information darüber jedoch diesseits des Atlantiks spärlich. Dabei sind die Preisspannen gewaltig. Die teuerste Unterkunft muß keineswegs immer die beste sein.

Es gibt auf jeder Insel preiswerte Alternativen (*guesthouses*, Pensionen, Ferienwohnungen). Informationen erhält man bei den Fremdenverkehrsämtern in Deutschland und vor Ort.

In der Nebensaison kann man bis zu einem Drittel sparen. Oft wird noch eine Touristensteuer aufgeschlagen. Tips zu den einzelnen Inseln finden Sie unter den Inselinfos.

Die durch Dollarzeichen angegebenen Preiskategorien beziehen sich auf ein Doppelzimmer in der Saison und sind wie folgt gestaffelt (gibt es bei einem Hotel eine weitere, durch einen Schrägstrich getrennte $-Angabe, dann bezieht sich diese auf die Kategorie des Hotel-Restaurants, vgl. »Essen und Trinken«).

$	– bis 50 Dollar
$$	– 50 bis 100 Dollar
$$$	– 100 bis 150 Dollar
$$$$	– 150 bis 200 Dollar
$$$$$	– über 200 Dollar

Zoll

Wer Drogen (auch in kleinsten Mengen!) mitnimmt, riskiert empfindliche Strafen. Wertvolle Gegenstände, z.B. Fotoausrüstung oder Angelzeug, müssen manchmal deklariert werden.

Reisedaten

Auskünfte vor Ort

Informationen erhält man bei den Fremdenverkehrsämtern, die in der jeweiligen Inselhauptstadt ein Büro haben (Adressen siehe Inselinfos). Aber auch am Hoteltresen läßt sich manches klären (z.B. Mietauto, Taxi, Ausflüge, Veranstaltungen).

Einkaufen

Verführerisch sind die karibischen Märkte mit ihren fruchtigen und würzigen Wohlgerüchen. Meist werden auch Kunsthandwerk (Lederwaren, Hüte, Puppen) und jede Menge Kitsch angeboten. Auf manchen Inseln lohnt es, sich nach Kleidung und Textilien umzusehen (z.B. Trinidad und Montserrat).

Fast jede Insel hat ihren eigenen Rum (empfehlenswert *Rhum agricole* auf Guadeloupe und Marie-Galante). Wer will, kann auch in den diversen Duty-free-Shopping-Malls (meist direkt am Kai der Kreuzfahrtschiffe) auf Schnäppchenjagd gehen. Das größte Angebot an Parfüm, Spirituosen, Tabakwaren und T-Shirts hat zweifellos St. Thomas. Hier gibt es auch einen gut sortierten Buchladen (Havensight Mall, Charlotte Amalie).

Daß keine Tiere exportiert werden dürfen, versteht sich von selbst. Aber auch Schildpatt-Erzeugnisse und Korallenschmuck sollten tabu sein. Die fliegenden Strandverkäufer (z.B. auf Tobago und St. Lucia), die ihre Waren oder Friseurdienste den Badebehosten direkt anbieten, mögen aufdringlich sein. Der Grund ihres Beharrungsvermögen liegt aber in ihrem Wissen, daß die Fremden mehr für ihren Urlaub ausgeben, als ein Insulaner im Jahr verdient.

Reisedaten

Essen und Trinken

Pizzas und Hamburger sind auf dem Vormarsch. Kokosnuß-Brot ist dagegen schwer zu kriegen. Die heimische, d.h. kreolische Küche hat es auf den meisten Inseln schwer. Das Essen der kleinen Leute gilt als minderwertig und wird paradoxerweise meist nur den Fremden in den Hotels aufgetischt. Auf den Serviceseiten wird deshalb speziell auf kreolische Restaurants hingewiesen.

Auf den verschiedenen Inseln gibt es Nationalgerichte, wie die *Callaloo*-Suppe auf Trinidad oder die Meeresschnecken *(lambi)* auf Guadeloupe. Beim traditionellen Essen schmeckt man die ganze kulturelle Vielfalt der Karibik. Fische und Früchte spielen dabei die Hauptrollen.

Ein Spezialfall sind die Getränke. Selbst auf den quellenreichen Vulkaninseln ist es nicht immer leicht, Mineralwasser zu bekommen (Ausnahme Guadeloupe). Aus allen Früchten werden Säfte gepreßt, die aber häufig kräftig gezuckert sind. Manches traditionelle Getränke wie der dunkle, aus Baumrinde gewonnene *Mauby*-Saft sind nicht jedermanns Sache. Sehr erfrischend dagegen: Kokosnuß-, Zuckerrohr- und Carambola-Saft. Auf verschiedenen Inseln gibt es lokale Bier-Brauereien (Trinidad, St. Lucia, Guadeloupe). Der Standard-Rum-Cocktail ist der *Planter's Punch* (franz. *Planteur*).

Die Differenzierung bei den empfohlenen Restaurants wird durch Dollarzeichen ausgedrückt. $$$ steht für Luxus-Kategorie, $$ für gehobenen Standard und $ für einfach.

Feste und Feiertage

Die Chancen, mitfeiern zu können, stehen nicht schlecht. Denn zu den christlichen Feiertagen kommen auf manchen Inseln noch islamische, jüdische, orthodoxe und Hindu-Feste hinzu. Außerdem werden die Entdeckung, die Sklavenbefreiung *(Emancipation)*, die Unabhängigkeit, der Karneval (zu unterschiedlichen Jahreszeiten) und die Tradition im allgemeinen *(Heritage)* gefeiert. Hinzu kommen Kultur- und Musikfestivals (vgl. Inselinfos).

Insel-Hüpfen

Die meisten Einheimischen sind noch nie auf einer anderen Insel gewesen, weil sie es sich nicht leisten können. Zwischen einzelnen Inseln hüpfen auch lokale Fluglinien. Preiswerte Fährverbindungen gibt es dagegen kaum (Ausnahmen sind Trinidad und Tobago, Grenada und Carriacou und die französischen Antillen). Warum man z.B. von Guadeloupe ins ferne St. Lucia fahren kann, aber nicht zum in Sichtweite liegenden Antigua, muß man die Politiker fragen.

Kinder

Wenn die Inseln ein Paradies sein sollten, dann für Kinder. Korallengeschützte Badestrände sind die sichersten. Manche Hotels bieten einen Baby- bzw. Kindersitter-Service. Auf Guadeloupe sind Kühlschrank und Kochgelegenheit auf dem Balkon familienfreundlicher Standard.

Maße und Gewichte

Neben dem metrischen System werden auch britische und US-amerikanische Maße verwendet.

Längenmaße:	1 *inch (in.)*	=	2,54 cm
	1 *foot (ft.)*	=	30,48 cm
	1 *mile*	=	1,609 km
Flächenmaße:	1 *square foot*	=	929 cm²
	1 *acre*	=	0,405 ha
	1 *square mile*	=	2,59 ha
	(640 *acres*	=	2,59 km²)
Hohlmaße:	1 Brit. *quart*	=	1,136 l
	1 U.S. *quart*	=	0,946 l
	1 Brit. *gallon*	=	4,546 l
	1 U.S. *gallon*	=	3,785 l
Gewichte:	1 *ounce (oz.)*	=	28,35 g
	1 *pound (lb.)*	=	453,6 g

Temperaturen:

°F	32	41	50	59	68	77	86	95	104
°C	0	5	10	15	20	25	30	35	40

Musik (*von Peter Brand*)

In der Karibik hat sich eine der originellsten Musikszenen der Welt entwickelt. Von Trinidad aus machte der **Calypso**, eine Mischung aus Ballade und Tanzlied, Weltkarriere. Typisch ist der metallische Klang der Ölfässer, die *steelband music.* Seit den 80er Jahren regiert der **Soca**, eine Tanzmusik, in der Elemente des Soul und Calypso verbunden wurden. Hierzulande noch nicht so bekannt wie im Mutterland Frankreich ist der neueste Trend: **Zouk.** – Wer sich also musikalisch auf seinen Karibik-Urlaub einstimmen möchte, dem seien die folgenden Musikbeispiele empfohlen:

Steelbands : »Carnival Jump Up – Steelbands of Trinidad & Tobago«; DELOS DE-4014 (Caribbean Carnival Series). Eine Reihe von 10 unterschiedlich konzipierten CDs im Vertrieb der FONO Schallplatten GmbH, 48364 Laer.

Calypso/Soca: »Hot Soca – The best SOul-CAlypsonians«, Network 56.751 (Baila Mi Ritmo, Vol. 6), im Vertrieb der NETWORK Medien GmbH, Ffm und im 2001 Versand, sowie »A taste of Soca – A rhytmical blend of Soul and Calypso«, ICE 941302, im Vertrieb der CONTRAIRE Edel Company, Hamburg.

Cadence/Zouk: »Planete Zouk – Les Meilleur De La Musique Antillaise«, DECLIC 172005 (Planete Zouk 2 = DECLIC 172007) im Vertrieb der SEMAPHORE Musikproduktions-GmbH, Nürnberg.

Notfälle

Notrufnummern für die einzelnen Inseln sowie Adressen der Botschaften bzw. Konsulate finden Sie unter den Inselinfos.

Post/Telefon

Bunte und meist hübsche Briefmarken sind für viele karibische Mikrostaaten eine Einnahmequelle. Die Telekommunikationsnetze sind fast überall auf dem neuesten Stand. Man kann nach Mitteleuropa via Satellit direkt telefonieren. Besonders die niederländischen Antillen haben sich daraufhin zu einem Zentrum teils obskurer Telefondienste entwickelt. Die allgemeine Vorwahl ist 001-809, für die französischen und niederländischen Antillen gilt 0059- plus unterschiedliche Ziffern für die jeweiligen Inseln (siehe Inselinfos).

Presse/Radio/TV

Vernünftig klingt es nicht, aber interessant. Jede klitzekleine Insel macht ihre eigenen privaten und staatlichen Radioprogramme (siehe Inselinfos), darunter viele Musiksender, aber auch Kanäle, auf denen rund um die Uhr das Seelenheil gepredigt wird. Der amerikanische Einfluß, schon im Äther unüberhörbar, ist auf der Mattscheibe übermächtig. Jede Insel hat ihre eigene Presse (meist Wochenblätter). Internationale Zeitungen sind kaum zu bekommen.

Reisen auf der Insel

Die internationalen Mietwagen-Firmen sind nicht auf jeder Insel vertreten, z.B. nicht auf Trinidad. Es gibt aber überall einheimische Verleihfirmen. Preisvergleiche sind ebenso ratsam wie die Begutachtung der Reifenprofile. Es lohnt sich, eine Zusatzversicherung *(Collision Damage Waiver)* abzuschließen. An Feiertagen, wenn die Einheimischen ins Grüne fahren, ist oft kein Wagen mehr zu bekommen.

In den englischen Ex-Kolonien fährt man links. Die Frankokariben drücken gern auf die Tube und überholen riskant. Fahren Sie defensiv, zumal die Straßen meist nicht im besten Zustand sind und die tiefen Enwässerungsrinnen zur Reifenfalle werden. Das Licht schalten viele Insulaner erst bei tiefschwarzer Nacht ein. Dafür zeigen sie sich auch hinterm Steuer als kommunikatives Völkchen: Hände und Hupe sind ständig in Betrieb.

Alternativen zum teuren Mietauto sind Mietroller oder Taxi. Dabei gibt es enorme Preisunterschiede zwischen einem Einzeltaxi – meist alte schwere Schlitten für die Hotelkundschaft – und dem Maxitaxis (Sammelbus) für die Einheimischen.

Reisedaten

Der öffentliche Verkehr ist auf den meisten Inseln unterentwickelt. Ausnahme: Guadeloupe hat verläßliche Buslinien. Auf manchen Inseln gibt es auch einen Fahrradverleih.

Sport und Freizeit

Als Aktiver: Zu Wasser und zu Lande gibt es ein unendliches (meist vom Hotel organisiertes) Betätigungsfeld, von Wandern über Reiten bis Tennis, von Schnorcheln über Surfen bis Hochseeangeln. Auf den englischsprachigen Inseln sind Golfplätze obligatorisch.

Als Zuschauer: Fußball ist auf allen Inseln beliebt. Nationalheiligtum auf den englischen West Indies ist der Kricketschläger, auf den französischen das Rennrad. Da man gerne wettet, gibt es auf vielen Inseln Pferderennbahnen, auf manchen auch Hahnenkämpfe, bei denen Fremde jedoch nicht gern gesehen werden. Kasinos ziehen dagegen die harte Währung an (z.B. auf Antigua und Guadeloupe).

Karibische Klänge bekommt man als kostenloses Dessert in vielen großen Hotels serviert. Solche Auftritte sind für die einheimischen Musiker ein willkommener Zuverdienst, obwohl die Gagen meist lächerlich niedrig sind. Die größte musikalische Vielfalt bieten Trinidad und Guadeloupe. Die bildenden Künste sind auf den Kleinen Antillen weniger entwickelt. Museen informieren meist über Heimatgeschichte.

Strom

Meist beträgt die Spannung 220 Volt, aber auch 110 und 240 Volt kommen vor sowie Frequenzen von 60 statt 50 Hertz (siehe Inselinfos). Praktisch ist ein Allround-Adapter, den es in Kaufhäusern und im Fachhandel gibt.

Zeitzone

In der östlichen Karibik gilt die *Atlantic Standard Time* (MEZ minus 5 Stunden), d.h. auf den niederländischen Antillen, Trindiad & Tobago und allen anderen Inseln der Kleinen Antillen geht die Uhr nach; in der Zeit von April bis September, wenn bei uns die Sommerzeit gilt, noch eine Stunde mehr.

Sprachhilfen

»Bon Bini!« grüßt man auf Aruba und bekommt ein eher germanisch klingendes *»Danki!«* als Antwort. Das *Papiamento*, die Umgangssprache der niederländischen Antillen, ist wohl das aufregendste karibische Sprachallerlei mit seinen portugiesischen, afrikanischen, indianischen, indischen, holländischen, englischen und französischen Beimischungen.

Auf den anderen Inseln geht es ähnlich kompliziert zu. Im Schulzimmer und in den Amtsstuben werden die Kolonialsprachen gepflegt. Zurück auf der Straße spricht man französisches *(Patois)* oder englisches Kreolisch, wobei auch die nicht streng voneinander zu trennen sind. So heißen Straßenhändler im englischsprachigen Trinidad *poitique*, das Mitleid, das man vielleicht mit ihnen hat, *sans humanite* (sprich: *ßändimanite*).

Solche linguistischen Mixpickles sind kein Unfall der Sprachgeschichte und auch kein primitives *Pidgin*, sondern eigenständige Sprachsysteme, vielleicht am ehesten vergleichbar mit Dialekten wie dem Österreichischen oder Mixsprachen wie dem Luxemburgischen, die ja auch die Quersumme unterschiedlicher Kulturen bilden.

Mit ihrem Wechsel zwischen Wortstakkato und gemütlichem Singsang sind die kreolischen Inselsprachen allemal ein Ohrenschmaus, spielerisch (*klim* für Trockenmilch, *rumbooboo* für Alkoholiker) und lautmalerisch (*brabadap* für einen Schreihals), also genauso bunt und dynamisch wie die karibische Musik.

Kleines Insel-ABC

Folgende Abkürzungen werden verwendet:

am. = amerindisch
afr. = afrikanisch
engl. = englisch

fr. = französisch
ind. = indianisch
kr. = kreolisch
nl. = niederländisch

ajoupa – am.: kleine Hütte, die mit geflochtenen Palmblättern gedeckt ist; fr.-kr.: Picknicktischchen
anse – fr.: Bucht; engl.: *bay*
bacchanal – engl.: Party, Skandal und alles, was Spaß macht
Bad John – engl.: Bösewicht auf Trinidad
bassa-bassa – afr.: affiges Verhalten
batterie – fr./engl.: Geschützstellung
béké – fr.: Dynastien weißer Franko-Antillianer, die in der Karibik geboren wurden
bitaco – fr.-kr.: Insulaner, der noch nie in Frankreich war
Calypso – engl.-kr.: auch *Kaiso*, ursprünglich ein frecher gesungener Kommentar zu alltäglichen Begebenheiten; mittlerweile Sammelbegriff für karibische Rhythmen
cane – engl.: Stock, von fr. *canne*, das Rohr; vgl. fr. *canne à sucre* und engl. *sugar cane* für Zuckerrohr sowie *cannes brûlèes*
canoe – am.: Boot
cocoa pañol – engl.-sp.: Kreole trinidadischer und spanischer (meist venezolanischer) Abstammung
congoree – afr.-engl.: Schleichen, heimliche Leidenschaft vieler Antillianer
continentals – engl.: abwertende Bezeichnung für weiße Amerikaner auf den US Virgins; für Fremde außerdem: *ilos*, *down islanders*, *off islanders*, *snowbirds* und *garrats*
cool out – engl.: gammeln
criccrac – afr.: westafrikanisches »Es war einmal ...«, auch *ting ting* oder *ring ting ting* (spielt eine Rolle in dem Spielfilm »Straße der Negerhütten«); die meisten anglokaribischen Märchen enden mit »*Krick Krack / Monkey break 'e back / For a piece ah pomme-rac.*«
décollage – fr.: morgendlicher Rumtrunk
doudou – fr.-kr.: Liebling (engl.-kr.: *ton-ton*); im *doudouisme* nach dem Motto »*Bongo, Limbo, lebensfroh*« (Karibik-Werbung eines deutschen Reiseveranstalters) als touristisches Klischee mißbraucht
dougla – engl.-kr.: afrikanisch-indischer Mischling
feast – engl.: Ritual der afrikanischen *Obeah*- oder *Shango*-Religion mit Ekstase und Opfertier
front room – engl.: gute Stube; die kleinen Holzhäuschen bestehen meistens aus dem *front room*, dem *back room* (Schlafzimmer) und der *back door* dazwischen
ghe – ind.: Fett für die Küche und salbungsvollere Zwecke
good night – engl.: heißt Guten Abend. Schlafen können Sie später; fr.-kr.: *boswé*
hammock – am.: schon die Urkariben hängten sich voll rein: Hängematte
Janny – engl.: Einwanderer aus dem Nahen Osten
great house – engl.: Herrenhaus einer Plantage, fr.: *maison*
jumbie – engl.-kr.: Verwandter des afrikanischen Zombies; fr.-kr.: *zobi*
ka – afr.: Trommel; fr.-kr.: *groska* ist das Trommeln
lime – engl.: Nimm dir Zeit und nicht das Leben!
lolo – fr.-kr.: Verkaufsbude, an der auch Rum ausgeschenkt wird
mal yeux – fr./engl.-kr.: Zauberspruch, mit dem einer verhext wird
mampee – engl.-kr.: Sandfloh, wegen seiner unvermittelten Angriffe auch *no-see-ums*; fr.: *chique*; am.: *pioki*
marron – fr.: Das Wort für Kastanie wurde für entlaufene Sklaven benutzt; entsprechend engl. *maroon* (auf

Sprachhilfen

Montserrat heißt das Nachbarschaftshilfe).

meriki – nl.-kr.: Amerika (= USA), das ultimative Ziel; New York ist *the City*

mestiz – span.-kr.: weiß-indianischer Mischling

métropole – fr.-kr.: Frankreich; *métro* ist der Franzose

mister – engl.: Titel, um jemanden von der Seite anzureden; kann mit Name oder Eigenschaft kombiniert werden; funktioniert auch mit *Jack*.

nana – afr.: Kinderschwester, Adoptivmutter

negro – engl.: Schwarzer, der sich heute meist lieber *black* oder *african* nennt; fr.-kr.: *nég*

obeah – afr.: wie *voodoo*; *to wo'k obeah* (= jemanden durch *obeah* in seine Gewalt bringen); fr.-kr.: *gadé*

outside woman – engl.: Geliebte eines Ehemannes; entsprechend *outside child* (Kind)

panish – kr.: Machete und abwertend für Spanier und Puertoricaner auf St. Thomas; auch *panyad*

plantation – fr.: Plantage, engl. auch *estate*; die Pflanzer sind die *plantocrats*

play white – engl.: Farbige in weißer Gesellschaft, Schwarze, die sich aufspielen

punch – fr./engl.: Cocktail, selten ohne Rum

quarko – afr.: am Mittwoch-Geborener, in der Karibik für rustikaleTypen

quashie – afr.: Sonntag-Geborener, bezeichnet auf St. Thomas die armen Schwarzen

Rum Shop – engl.: Kneipe

Sabie people – engl.: Weiße aus Saba, Sint Maarten usw.

saga boy – engl.-kr.: Hans Dampf

shallow water-Yankee – engl.: hat noch nie die Insel verlassen, aber spricht US-amerikanischen Akzent

small islanders – engl.: Spitzname der *Trinidadians* für karibische Immigranten, die ihre Gastgeber umgekehrt als *Trickidadians* bezeichnen.

sucrerie – fr.: Plantagengebäude, in dem Zucker hergestellt wurde; engl. *sugar factory*

soufrière – fr.: Schwefelquelle; Name für karibische Vulkane

talk-talk – engl.-kr.: Klatsch

taassaa/tabla – ind.: Trommeln

ti – fr.-kr.: karibisches -chen, am häufigsten in Verbindung mit *-punch*

ting – engl.-kr.: alles und jedes. *To like ting* heißt, sich wie ein Fisch im Wasser zu fühlen.

topsy-turvy – doppelköpfige Puppe in buntem Kleid; fr.-kr.: *popot*

tupsh – kr.: Bezeichnung für provokativen Zischlaut durch die Zähne

vinaigrerie – fr.: Plantagengebäude, in dem Rum gebrannt wird; engl.: *distillery*

white white – engl.-kr.: sehr weiß

wine – engl.-kr.: aufreizend mit den Hüften wackeln

yoh mudda! – engl.-kr.: größte, nicht wieder gutzumachende Beleidigung

yuh coocoo-cook – engl.-kr.: Probleme haben

zork – engl.-kr.: mit Drogen vollgepumpt sein

zouk – fr.-kr.: ursprünglich Tanz, inzwischen Synonym für frankokaribische Rhythmen

Textnachweis

Das Kapitel VI »Karibik von unten – Tips für Taucher« schrieb **Martha Watkins Gilkes**. Die Tauchlehrerin mit 25jähriger Taucherfahrung lebt seit 1975 in der Karibik und ist als freie Fotografin mit Schwerpunkt Unterwasserfotografie auf Antigua tätig. Sie hat verschiedene Beiträge zu diesem Thema veröffentlicht, u.a. erscheint von ihr ein Buch über Tauchen in der Ostkaribik.

Orts- und Sachregister

Allgemeines Register

(Die *kursiv* gesetzten Stichworte und Seitenzahlen beziehen sich auf den Serviceteil des Buches.)

Register der einzelnen Inseln

Anguilla

Antigua

Barbuda

Dominica

Guadeloupe

Les Saintes

Marie-Galante

Montserrat

Saint Thomas

Sint Eustatius

Tortola und British Virgin Islands

Personenregister

Danksagung

Für die freundliche Hilfe bei der Entstehung dieses Buches danken wir der Air France, Frankfurt/Main; Philippe Boucard, Fremdenverkehrsbüro Guadeloupe, Frankfurt/Main; Guy-Claude Germain, Bureau de Tourisme de la Guadeloupe, Pointe-à-Pitre; Gloria Gumbs, Virgin Islands Division of Tourism, St. Thomas; Steve Johnson, Dominica Division of Tourism, Roseau; Monsieur Lemaistre, Hôtel Village de Ménard, Marie-Galante, Grand-Bourg; Henry Martinez, Het Antillenhuis, Den Haag; Mrs Leona Midgette, Montserrat Department of Tourism, Plymouth; Cyril Roach, Plymouth, Montserrat; Gabriele Romberg, British Virgin Islands Tourist Board, Frankfurt/Main; St. Kitts & Nevis Tourism Office, London; Jocelyne Seymour, Karukéra Car, Pointe-à-Pitre, Guadeloupe; Irma Tomlinson, Antigua & Barbuda Department of Tourism, St. John's, Antigua; Lito Valls, National Park St. John's; Frau Wolters, Antigua & Barbuda Department of Tourism & Trade, Bad Homburg.

tourbook

VISTA POINT

s ungebundene Reisevergnügen: Reiseplaner, Tagebuch, Skizzenblock, Erinnerungsarchiv, Reisebegleiter für Singles, Fotoalbum

Kein Buch mit sieben Siegeln, sondern eines mit sechs Löchern: damit schlägt VISTA POINT ein ganz neues Reisekapitel auf. Denn das *tourbook* ist zugleich Reiseplaner, Tagebuch, Skizzenblock, Erinnerungsarchiv, Reisebegleiter für Singles, Fotoalbum und Sammler für Prospekte etc.

- Die *tourbooks* enthalten neben dem jeweils kompletten, gelochten Reiseführer und einer Straßen-/Landkarte noch folgende praktische Zusatzartikel: 16 verschieden strukturierte Leerblätter, eine Einsteckhülle mit Bleistift (für einzelne Reiseführerseiten) und selbstklebende Heftstreifen (für Prospekte etc.).
- Alle *tourbooks* sind aus hochwertigem Chromokarton mit Innentasche und praktischem Verschluß durch Rundgummi gefertigt. Dadurch wird einerseits die Haltbarkeit, andererseits die notwendige »Flexibilität« eines Reiseführers garantiert. Format: 18,8 cm breit und 23,7 cm hoch. Druckhebelmechanik mit sechs Ringen.

Bereits erschienen sind die *tourbooks*:

USA querbeet
Ostküste USA
Bali
Hawai'i
West-Kanada
Australien – der Osten
Karibik I
Karibik II
Südstaaten USA
Südwesten USA
Namibia

Bernd Polster

Karibik II

Kleine Antillen – der Süden

192 Seiten mit 109 Farbabb. und 18 Karten. Format: 21 x 15 cm, kart., ISBN 3-88973-162-7, DM 44,80, sFr 44,80, öS 332,00.

Wer die südlichen Kleinen Antillen von Aruba bis Tobago, Trinidad und Barbados bis St. Lucia näher kennenlernen möchte, kann die karibischen Extreme auf acht ausgesuchten Touren erforschen: von lebendigen Märkten und alten Hafenstädten bis zu unergründlichen Tauchparadiesen, wild wucherndem Regenwald und qualmenden Vulkanschloten, die schroff aus dem Ozean ragen. Daß Karibik weit mehr ist als Sonne, Sand und See, zeigt nicht zuletzt die Karnevalsinsel Trinidad, der Schmelztiegel der Kleinen Antillen, wo Südamerikas Flora und Fauna als Kompaktausgabe zu besichtigen sind. Extratouren stellen die Inseln Bonaire und Curaçao vor, thematische Kapitel informieren über Tauchen, Musik, Karneval und Kricket.

Vista Point Verlag · Postfach 27 05 72 · 50511 Köln · Tel.: 02 21 / 21 05 87 · Fax: 02 21 / 23 41 91

Bildnachweis
Antigua & Barbuda Department of Tourism: S. 186
Bernhard Bartholmes, Hochheim: S. 40, 182/183, hintere Umschlagklappe
Fridmar Damm, Köln: Umschlagvorderseite, S. 116/117, 127, 137, 170
Christian Heeb, St. Gallen: S. 30, 32/33
Mandy Howard, Bonn: Haupttitel (S. 2/3), S. 61, 70 o.
Gernot Huber, laif, Köln: Vordere Umschlagklappe, S. 7, 8, 10/11, 56, 66/67, 69, 74, 75, 77, 78, 79, 80/81, 82, 86/87, 90/ 91, 92, 94, 96, 97, 100, 101, 102, 184, 188, 194, 198 o., u., 199 o., u.
Bernd Polster, Bonn: S. 11, 13, 23, 27, 36, 45, 48, 49, 50, 51, 53, 54/55, 58, 59, 64, 65, 70/71, 76, 81, 85, 88, 89, 98/99, 104, 106 o., 106/107, 109, 113, 114, 115, 121, 122, 124, 130, 132, 187, 189, 190, 191
Brigitte Geh Spinelli, München: S. 42, 138/139, 152
Paul Spierenburg, Kiel: S. 9, 12, 14/15, 17, 19, 20, 21, 24, 31, 35, 37, 119, 129, 131 (Schmutztitel dia), 134/135, 140, 143, 144, 147, 148/149, 150, 151, 155, 156, 158/159,160, 162, 165, 168, 169, 172, 174, 175, 178/179, 181, 185
Martha Watkins Gilkes, Antigua: S. 193, 195, 197

Die historischen Abbildungen stammen aus dem Archiv des Autors.

Umschlagvorderseite: Sandy Cay, US Virgin Islands. Foto: Fridmar Damm, Köln
Vordere Umschlagklappe (innen): Übersichtskarte der Kleinen Antillen
Haupttitel: Köchinnenfest in Pointe-à-Pitre, Guadeloupe. Foto: Mandy Howard, Bonn
Hintere Umschlagklappe (innen): Zeichenerklärung

Reihenkonzeption: Dr. Horst Schmidt-Brümmer
Lektorat: Kristina Linke
Lektoratsassistenz: Barbara Döring
Layout und Herstellung: Gudrun Hoffmann, Andreas Schulz , Köln
Reproduktionen: HRP Reprotechnik, Essen
Karten: Berndtson & Berndtson, Fürstenfeldbruck
Druck und buchbinderische Verarbeitung: Druckerei Uhl, Radolfzell
Gedruckt auf chlorfrei gebleichtem Papier

Printed in Germany
ISBN 3-88973-161-9